Testament und Erbrecht

Testame

Axel Pohlmann

Testament und Erbrecht

EDITION XXL

Inhalt

N
YORK
NE
E
SE
S
SW
W

Gebrauchsanleitung für dieses Buch

Dieses Buch macht Ihnen die komplizierte Kunst des optimalen Testamentaufbaus so einfach wie möglich: Der erste Teil ist ein Schnellkurs im gesetzlichen Erbrecht. Es folgt der Hauptteil mit Mustertexten und Erläuterungen. Die Überschriften (zum Beispiel „Sie wollen Ihre Kinder aus erster Ehe kurzhalten") zeigen Ihnen dabei gleich, ob das Thema für Sie interessant ist.

Ein wenig Querlesen ist trotzdem nötig: Auch der Hauptteil des Buches enthält allgemeine Hinweise zum Erbrecht. Außerdem werden manche Punkte unter einer bestimmten Überschrift behandelt, obwohl sie auch zu anderen Überschriften passen würden. (Beispiel: Die Benennung des Vormunds für minderjährige Kinder kommt natürlich nicht nur bei Ledigen mit Kindern in Betracht, sondern auch bei verheirateten Eltern.) Wenn also eine Überschrift Ihre Situation besonders treffend beschreibt, blättern Sie am besten thematisch ähnliche Kapitel ebenfalls durch. Die Querverweise in den Kapiteln und das Register zeigen Ihnen zudem, wo Sie weitere Informationen finden.

Die Beispiele lassen sich allesamt leicht für Ihr individuelles Testament abwandeln. Wo nicht ausdrücklich etwas anderes gesagt wird, können Sie das Muster sowohl für ein Testament als auch für ein gemeinschaftliches Testament oder einen Erbvertrag verwenden.

Ihr

Axel Pohlmann

Was Sie über den „letzten Willen" wissen sollten

Großes Vermögen oder kleines, repräsentative Villa oder Einzimmerapartment, wertvolles Geschmeide oder Modeschmuck, reichlich Geld auf dem Konto oder Schulden – beim Tod eines Menschen gehen seine gesamten Hinterlassenschaften auf die Erben über, so will es das Gesetz. Was der Gesetzgeber sonst noch zum Thema Vererben und Erbfolge sagt und welche Möglichkeiten Sie haben, Ihren Nachlass individuell zu regeln, zeigt Ihnen dieses Kapitel.

Schnellkurs im gesetzlichen Erbrecht

Das deutsche Erbrecht setzt an die Stelle des Verstorbenen in der Sekunde seines Todes den Erben – auch wenn dieser vielleicht erst später davon erfährt. Es sorgt dafür, dass das Vermögen des Verstorbenen direkt und als Ganzes auf den oder die Erben übergeht. Erbe kann jeder Mensch sein, selbst ein noch ungeborener, natürlich auch eine „juristische Person" des Privatrechts (wie ein Verein) oder des öffentlichen Rechts (wie eine Stadt). Wer letztlich Erbe ist, ergibt sich entweder aus dem „letzten Willen" des Verstorbenen, also einem Testament oder Erbvertrag, oder aus dem Gesetz.

Wer erbt was? Die gesetzliche Erbfolge

Die gesetzliche Erbfolge beruht auf der Blutsverwandtschaft („Das Gut rinnt wie das Blut") und auf der Ehe oder der eingetragenen Partnerschaft, wobei die Verwandten in Ordnungen eingeteilt werden. Die erste Ordnung bilden die Abkömmlinge des Verstorbenen (des Erblassers), also seine Kinder, Enkel, Urenkel. Erben zweiter Ordnung sind die Eltern des Erblassers und deren Abkömmlinge (insbesondere auch die Geschwister des Erblassers sowie seine Neffen und Nichten). Zur dritten Ordnung gehören die Großeltern des Erblassers und ihre Abkömmlinge (insbesondere Onkel und Tanten des Erblassers sowie seine Vettern und Basen). Die vierte Ordnung schließlich sind die Urgroßeltern und die entfernteren Voreltern mit ihren Abkömmlingen.

Es gilt folgender Grundsatz: Die Ordnung mit der niedrigeren Nummer geht der höheren vor – hat also der Erblasser Kinder oder Enkel, so können seine Eltern nicht erben. Innerhalb der Ordnungen sind die Angehörigen derselben Generation untereinander zu gleichen Teilen berechtigt (drei Kinder erben zu je ⅓). Zudem wird nach „Stämmen" vererbt: Fällt ein eigentlich zum Erben berufener Angehöriger weg (weil er vor dem Erblasser verstirbt oder das Erbe ausschlägt beziehungsweise darauf verzichtet), treten seine Abkömmlinge an seine Stelle. Gibt es keinen Abkömmling, so fällt das Erbe den anderen Miterben zu.

Das alles gilt natürlich auch für adoptierte Kinder und seit 1998 auch für nichteheliche Kinder – ein nichteheliches Kind nimmt in vollem Umfang an der Erbengemeinschaft teil, auch wenn es dabei in einer Reihe mit der Witwe und den ehelichen Kindern steht.

Das Erbrecht des Ehegatten

Der Ehegatte steht außerhalb dieser „Ordnungen". Er erhält neben den Erben der ersten Ordnung (also neben Kindern) zunächst einmal ¼ des Nachlasses, neben Verwandten der zweiten Ordnung (Eltern, Geschwister) und neben Großeltern ½. Gibt es keinen solchen Verwandten – der Erblasser hat kein Kind, seine Eltern sind verstorben, er hat keine Geschwister –, bekommt der Ehegatte/Lebenspartner den gesamten Nachlass. Doch egal wie hoch sein Anteil ist, stets hat er Anspruch auf Hausrat und Hochzeitsgeschenke. Und er bekommt im Normalfall noch etwas dazu: Lebten die Eheleute im gesetzlichen Güterstand der Zugewinngemeinschaft, so erhöht sich der Erbteil des überlebenden Ehegatten pauschal um ¼. Also bekommt er neben den Kindern im Endeffekt ½ des Nachlasses, neben den Eltern oder Geschwistern des Verstorbenen ¾.

Ob Sie im Güterstand der Zugewinngemeinschaft leben, sehen Sie daran, dass Sie entweder überhaupt keinen Ehevertrag geschlossen haben oder aber einen Vertrag, in dem die Zugewinngemeinschaft für den Todesfall ausdrücklich festgelegt ist.

TIPP

Die Tatsache, dass der überlebende Ehegatte/Lebenspartner – auch wenn es keine Kinder gibt – oft nur einen Teil des Nachlasses erhält, hat sich noch nicht allgemein herumgesprochen. Beachten Sie dies bei der Regelung Ihres Nachlasses, um unliebsame Überraschungen zu vermeiden!

Eingetragene Lebenspartnerschaft

Seit 2009 ist der eingetragene Lebenspartner dem Ehegatten erbrechtlich vollständig gleichgestellt. Eine – allerdings erhebliche – Ausnahme bestand bis 14.12.2010 bei der Steuer – der eingetragene Lebenspartner wurde in der Steuerklasse III versteuert, der Ehegatte in Klasse I. Mit dem Jahressteuergesetz 2010 ist aber auch hier eine Gleichstellung vollzogen worden.

Wenn in diesem Buch also vom Ehegatten die Rede ist, ist automatisch auch der Lebenspartner gemeint – mit den Ausnahmen, die besonders erwähnt werden. Deshalb gilt alles, was im vorstehenden Abschnitt „Das Erbrecht des Ehegatten" steht, entsprechend für den eingetragenen Lebenspartner.

Der gesetzliche Pflichtteil

Wer ein Testament aufsetzt, kann jedem gesetzlichen Erben die Erbschaft entziehen oder seinen Erbteil mindern, sei es unmittelbar durch Herabsetzung der Erbquote oder mittelbar durch die Belastung mit Vermächtnissen oder Auflagen (siehe Seite 39). Das gesetzliche Erbrecht besteht also nur „subsidiär", das heißt nur dann, wenn der Erblasser nichts anderes angeordnet hat.

Allerdings gibt es eine Schranke: das Pflichtteilsrecht. Pflichtteilsberechtigt sind der Ehegatte, die Eltern (aber nicht die Geschwister) und die Abkömmlinge des Erblassers (Enkel nur, wenn deren Eltern nicht mehr leben). Der Pflichtteil führt jedoch nicht dazu, dass der Berechtigte Erbe wird – er ist ja gerade von der Erbschaft ausgeschlossen. Aber er hat gegen den Erben den Anspruch auf Zahlung eines Betrags, welcher der Hälfte seines gesetzlichen Erbteils am Nettonachlass entspricht.

Hinterlässt der im gesetzlichen Güterstand lebende Erblasser zum Beispiel seine Ehefrau und zwei Kinder und haben sich die Eheleute gegenseitig zu Alleinerben eingesetzt, so haben die beiden Kinder gegen ihre Mutter einen Anspruch auf Zahlung je eines Achtels (der Hälfte des gesetzlichen Erbteils von einem Viertel) des Nachlasswerts nach Abzug der Schulden. Dieser Pflichtteil ist nach heutigem Recht unentziehbar, von wenigen Ausnahmefällen abgesehen.

Nun hat es immer schon Menschen gegeben, denen das Pflichtteilsrecht ein Dorn im Auge war. Könnte man nicht einfach das Haus oder das Auto an den

Lieblingserben verschenken und den anderen leer ausgehen lassen? Verschenken kann man schon, denn jedem steht es frei, mit seinem Vermögen zu tun, was er will. Allerdings ist das mit dem „leer ausgehen lassen" so eine Sache: Hat der Erblasser seine Verwandten oder Dritte beschenkt, kann der Pflichtteilsberechtigte verlangen, so gestellt zu werden, als ob der Gegenstand noch im Nachlass wäre. Er erwirbt also einen Anspruch gegen den Beschenkten. Allerdings gilt das nur, wenn zwischen der Schenkung und dem Tod des Erblassers nicht mehr als 10 Jahre liegen. Diese Zehn-Jahres-Frist gilt übrigens, was selbst Juristen leicht vergessen, nicht bei Schenkungen an den Ehegatten – hier ist es gleichgültig, wann die Schenkung erfolgte.

TIPP

Seit 2010 gilt: Im ersten Jahr vor dem Erbfall wird die Schenkung voll, in jedem weiteren Jahr um jeweils 1/10 weniger berücksichtigt, bis nach Ablauf der 10 Jahre der Anspruch schließlich ganz erloschen ist. Das neue Recht räumt übrigens dem gesetzlichen Erben, der den Erblasser längere Zeit gepflegt hat, einen zusätzlichen Anspruch ein auf Ausgleich bei der Auseinandersetzung in Bezug auf den Nachlass.

Das Finanzamt erbt mit – Erbschaftsteuer

Über kaum eine andere Steuer wurde (und wird) so ausdauernd und kontrovers diskutiert wie über die Erbschaftsteuer. Und das, obwohl sie aufgrund ihres vergleichsweise geringen Aufkommens eigentlich keine große Rolle spielt – nach der Reform 2010 spült sie rund 4 Milliarden Euro in die Staatskasse, was weniger als 1 Prozent aller in Deutschland erhobenen Steuern entspricht.

Wie sich die Erbschaftsteuer berechnet

Überschreitet der Wert des Erbes einen bestimmten Betrag, möchte auch der Fiskus seinen Teil abhaben in Form der Erbschaftsteuer. Dasselbe gilt übrigens auch bei Schenkungen – zu erben oder beschenkt zu werden ist aus der Sicht des Finanzamts nahezu dasselbe. Wie hoch dieser Teil ist, richtet sich nach der jeweiligen Steuerklasse und dem Steuersatz.

Die Steuerklassen sind nach der Nähe der Verwandtschaft zum Erblasser eingeteilt:

- Steuerklasse I: Ehegatte, eingetragener Lebenspartner, Kinder, Stiefkinder, Abkömmlinge der Kinder und Stiefkinder (= Enkel, Urenkel), Eltern, Großeltern, Urgroßeltern usw. (nur im Erbfall)
- Steuerklasse II: Eltern, Großeltern usw. (bei Schenkungen), Geschwister, Nichten und Neffen, Stiefeltern, Schwiegersöhne, Schwiegertöchter, Schwiegereltern, geschiedene Ehegatten und Lebenspartner einer aufgehobenen Lebenspartnerschaft
- Steuerklasse III: alle anderen, auch Verlobte sowie nichteheliche Partner

Daraus und aus der Höhe des hinterlassenen Vermögens ergibt sich der entsprechende Steuersatz, also der Prozentsatz, den Sie an das Finanzamt zahlen müssen. Dabei gilt: Je höher die Steuerklasse und das hinterlassene Vermögen sind, umso höher ist auch der Steuersatz (siehe Tabelle, alle Steuersätze in Prozent):

Vermögen bis zu €	StKl. I	StKl. II	StKl. III
75.000	7	15	30
300.000	11	20	30
600.000	15	25	30
6.000.000	19	30	30
13.000.000	23	35	50
26.000.000	27	40	50
mehr als 26.000.000	30	43	50

Was in der obigen Tabelle als „Vermögen" bezeichnet wird, ist der Nachlass (Vermögen abzüglich Verbindlichkeiten), vermindert um den jeweiligen Freibetrag (siehe folgende Tabelle). Auch hier gilt wieder: je weiter vom Erblasser entfernt, umso niedriger der entsprechende Freibetrag:

Freibeträge (in Euro)

Ehegatten, eingetragene Lebenspartner	500.000 €
Kinder, Stiefkinder	400.000 €
Enkel, wenn der Elternteil tot ist, der das Kind des Erblassers war	400.000 €
Andere Enkel	200.000 €
Urenkel, weitere Abkömmlinge	100.000 €
Eltern, Großeltern usw. (nur im Erbfall)	100.000 €
Eltern, Großeltern usw. (bei Schenkung)	20.000 €
Alle anderen – einschließlich Geschwister, Nichten, Neffen, Stiefeltern, Schwiegerkinder, Schwiegereltern, geschiedene Ehegatten, nichteheliche Lebenspartner	20.000 €

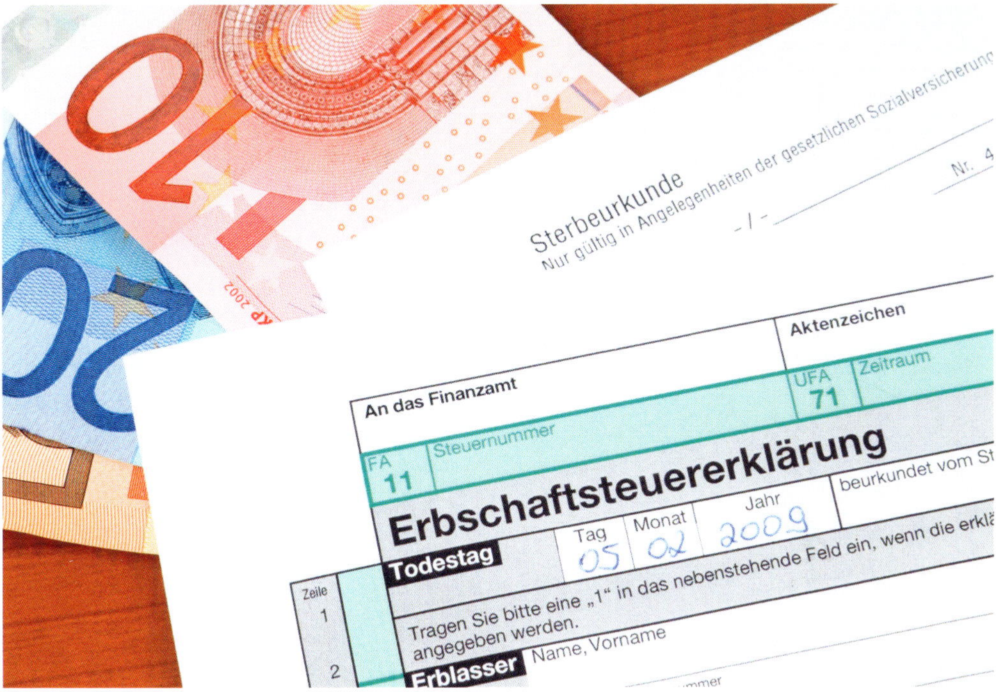

Nur im Erbfall, nicht aber bei der Schenkung, gibt es für Ehegatten und Kinder darüber hinaus einen sogenannten Versorgungsfreibetrag, der ebenfalls abgezogen werden darf. Bei Ehegatten und eingetragenen Lebenspartnern beträgt dieser 256.000 Euro, bei Kindern je nach Lebensalter (längstens bis zum 27. Lebensjahr) zwischen 52.000 und 10.300 Euro. Allerdings werden steuerfreie Versorgungsbezüge (zum Beispiel eine gesetzliche Witwenrente) darauf angerechnet.

TIPP

Eine Härteklausel sorgt dafür, dass bei einer nur geringen Überschreitung der Wertgrenzen die Steuer gekürzt wird, um eine überproportionale Belastung zu vermeiden.

Schließlich gibt es noch eine Steuerbefreiung für geerbten Hausrat und persönliche Dinge (Bargeld, Goldbarren u.Ä. fallen nicht darunter!). Sie beträgt 41.000 Euro bei Steuerklasse I und für Lebenspartner. In dieser Steuerklasse kann man außerdem sonstige bewegliche Gegenstände, zum Beispiel ein Auto, bis zum Wert von 12.000 Euro steuerfrei erben. In den Steuerklassen II und III bleiben 12.000 Euro (für alle diese Gegenstände) steuerfrei.

Wie hoch ist das Vermögen? – Bewertungsfragen

Wenn der Wert des Nachlasses beziehungsweise einzelner Teile nicht von vornherein auf der Hand liegt, wie bei einem Bankkonto, gilt der sogenannte Verkehrswert, also der Wert, der bei einem Verkauf (zum Zeitpunkt des Todes) erzielt werden könnte. Bei einer Aktie ist das beispielsweise der Kurswert, bei einem Auto der Wiederverkaufswert, bei einer noch nicht fälligen Lebensversicherung der Rückkaufswert. Zwei Arten von Nachlassgegenständen sind jedoch zum Teil privilegiert – Immobilien und Betriebsvermögen (wobei auf Letztere an dieser Stelle aufgrund der zahlreichen komplizierten Sondervorschriften nicht näher eingegangen wird; bitte wenden Sie sich diesbezüglich gegebenenfalls an einen Steuerberater):

Ein selbst genutztes Wohnhaus oder eine Eigentumswohnung, auch im EU-Ausland, können der überlebende Ehegatte beziehungsweise Lebenspartner und die Kinder steuerfrei erben – aber nur wenn sie die Immobilie die nächsten 10 Jahre selbst bewohnen. Das Haus/die Wohnung darf also weder anderweitig vermietet noch verkauft werden. Bei Kindern darf die Wohnfläche darüber hinaus nicht größer als 200 m² sein; nur bis dahin bleibt der Wert steuerfrei (natürlich unter Berücksichtigung des Freibetrags).

Erbt zum Beispiel eine Witwe Barvermögen, das nicht höher ist als ihr Freibetrag, und dazu das Einfamilienhaus mit 250 m² Wohnfläche im Wert von 600.000 Euro, fällt keinerlei Erbschaftsteuer an, sofern sie das Haus die nächsten 10 Jahre selbst bewohnt. Erbt aber der Sohn das Haus, werden die 50 m² „zu viel“ mit 120.000 Euro in die Besteuerung einbezogen.

Bei allen anderen Immobilien – und natürlich auch bei den selbst genutzten Wohnungen, die von der Witwe/dem Witwer oder den Kindern vermietet oder verkauft werden – gilt, dass sie heute meist höher bewertet werden als vor dem Inkrafttreten der Erbschaftsteuerreform:

- Unbebaute Grundstücke werden (ohne Abschlag, siehe unten) mit dem Bodenrichtwert bewertet, den der jeweilige Gutachterausschuss ermittelt.

- Ein- und Zweifamilienhäuser, Wohnungs- und Teileigentum werden mit einem Vergleichswert bewertet, ersatzweise mit dem Sachwert, wenn es keinen Vergleichswert gibt.

- Der Sachwert gilt auch für Geschäftsgrundstücke, Grundstücke, die gemischt genutzt werden und bei denen eine ortsübliche Miete nicht feststellbar ist, sowie für sonstige bebaute Grundstücke.

- Bei Mietwohnungs- und Geschäftsgrundstücken sowie gemischt genutzten Immobilien, bei denen es eine ortsübliche Miete gibt, gilt das Ertragswertverfahren.

Beim sogenannten Vergleichswert ermittelt das Finanzamt den Wert der fraglichen Immobilie durch Vergleich mit ähnlichen Immobilien, während beim Sachwert der Wert des Grundstücks (Bodenrichtwert) und die Herstellungskosten des Gebäudes (die „Steine") in ziemlich komplizierter Weise errechnet werden. Ähnlich komplex ist auch das Ertragswertverfahren, bei dem der Wert der Immobilie auf Grundlage des erzielbaren Ertrags, also der Miete, ermittelt wird (Bodenrichtwert plus Ertrag multipliziert mit einem Vervielfacher). Wichtig zu wissen: Objekte, die zu Wohnzwecken vermietet sind, werden mit einem Abschlag von 10 Prozent begünstigt.

Bei Fragen und Unstimmigkeiten mit dem Finanzamt hierzu ist es auf jeden Fall sinnvoll, sich an einen Steuerberater zu wenden.

TIPP

Kann der Erbe durch ein Gutachten oder durch den beim Verkauf erzielten Kaufpreis beweisen, dass der wirkliche Wert („gemeiner Wert") geringer ist als der nach den anderen Verfahren ermittelte Wert, so gilt der niedrigere „gemeine Wert". Dieser gilt auch für Auslandsimmobilien.

Bewertungsfragen – ein Beispiel

Der verwitwete Erblasser Emil Erger hinterlässt seinem 30-jährigen Sohn Siegfried das selbst genutzte, lastenfreie Einfamilienhaus mit 250 m² Wohnfläche im Wert von 900.000 Euro und Aktien im Wert von 300.000 Euro. Die Einrichtung des Hauses hat einen Wert von 100.000 Euro, die Kosten der Bestattung betragen 20.000 Euro.

Siegfried verkauft das Haus, womit sich folgende Erbschaftsteuer ergibt:

Wohnhaus	900.000 €
Aktien	300.000 €
Einrichtung	100.000 €
Bestattung	-20.000 €
Wert des Nachlasses	1.280.000 €
Allgemeiner Freibetrag	-400.000 €
Hausratsfreibetrag	-41.000 €
zu versteuern	839.000 €
Steuer (StKl. I, 19 %)	159.410 €

Würde Siegfried das Haus behalten und für die nächsten 10 Jahre selbst darin wohnen, ergäbe sich folgendes Bild:

Wohnhaus 50 m² (250 m² - 200 m²)	180.000 €
Aktien	300.000 €
Einrichtung	100.000 €
Bestattung	-20.000 €
Wert des Nachlasses	560.000 €
Allgemeiner Freibetrag	-400.000 €
Hausratsfreibetrag	-41.000 €
zu versteuern	119.000 €
Steuer (StKl. I, 11 %)	13.090 €

Unter allen Umständen Steuern vermeiden?

Zwar kann man in kaum einem Rechtsgebiet leichter Steuern legal sparen als beim Erben, dennoch möchte ich Ihnen folgenden Rat geben: Das „richtige" Testament für jeden Fall gibt es nicht. Und sobald die Verhältnisse etwas komplizierter oder das Vermögen größer ist, gibt es nicht einmal für den konkreten Einzelfall das absolut richtige Testament.

Es kann also immer nur darum gehen, sich einer guten Lösung anzunähern, wobei zunächst nicht die Steuer im Vordergrund stehen sollte, sondern die Frage:

Wie sollte die Erbfolge aussehen,

- *um den eigenen Vorstellungen und denen des überlebenden Partners von einem selbstbestimmten, sicheren Leben gerecht zu werden,*
- *um den Kindern etwas zukommen zu lassen,*
- *um ein Familienvermögen oder Unternehmen zu sichern und*
- *um vielleicht auch noch etwas Gutes zu tun?*

Erst wenn das gelöst ist, sollte im zweiten Schritt die Frage nach der steuerlichen Optimierung gestellt werden – die wiederum Auswirkungen auf die gefundene Lösung haben wird. Und so wird man sich Schritt für Schritt einer Gesamtlösung annähern ...

Die letztwillige Verfügung

Viel Streit lässt sich vermeiden, wenn die erbrechtlichen Verhältnisse eindeutig geregelt sind. Um das zu tun, haben Sie verschiedene Möglichkeiten: Sie können ein Testament verfassen, einen Erbvertrag abschließen oder bereits zu Lebzeiten eine Schenkung vornehmen. Wägen Sie ab, welche für Ihre individuelle Situation am sinnvollsten ist.

Das Testament

Der Erblasser oder Testator bestimmt im Testament, was nach seinem Tod mit den Dingen geschehen soll, die er hinterlässt. Das Testament kann nur persönlich errichtet werden – jede Vertretung ist ausgeschlossen. Dafür lässt es sich jederzeit aufheben oder ändern (siehe Seite 38).

Gemeinschaftliches Testament

Nur Eheleute und eingetragene Lebenspartner können ein gemeinschaftliches Testament errichten! Vorsicht: Ist einer der Ehegatten oder Lebenspartner Ausländer, dessen Heimatrecht kein gemeinschaftliches Testament kennt, kann unter Umständen das ganze Testament auch in Deutschland unwirksam sein (zum Beispiel bei Italienern; siehe auch Abschnitt „Ihr Partner ist Ausländer" ab Seite 100).

Der „Witz" beim gemeinschaftlichen Testament liegt weniger in der Ersparnis von Schreibarbeit, sondern darin, dass das Testament Verfügungen enthalten kann, deren Wirksamkeit voneinander abhängig ist. Wenn Eheleute sich wechselseitig zu Erben und ihre Kinder zu Schlusserben einsetzen, bedeutet der Widerruf des einen automatisch den Wegfall der Verfügungen des anderen Partners. Auch ist nach dem Tod des zuerst Versterbenden eine Änderung der Verfügungen des Überlebenden nicht mehr möglich, von Ausnahmen abgesehen (vergleiche Muster auf den Seiten 61, 65 f.).

Testament

Der Erbvertrag

Jeder Volljährige kann einen Erbvertrag abschließen, in dem neben der Erbfolge auch alle möglichen anderen Dinge geregelt werden können. Der Nachteil: „Vertragsgemäße" Verfügungen kann man einseitig nicht mehr ändern. Was jedoch vertragsgemäß und damit endgültig ist, bleibt leider oft unklar – es sollte daher immer ausdrücklich gesagt werden. Natürlich wird auch der Erbvertrag mit den darin festgehaltenen Verfügungen erst mit dem Erbfall wirksam.

Der Erblasser kann also über sein Vermögen zu Lebzeiten so verfügen, wie er das für richtig hält. Einen Erbvertrag kann man nur notariell schließen.

Übrigens: Wer einen Ehevertrag schließt, kann ohne Zusatzkosten in derselben Urkunde einen Erbvertrag abschließen.

Schenkungen unter Lebenden von Todes wegen

Eigentlich handelt es sich hierbei nicht um eine letztwillige Verfügung, sondern, wie der Name schon sagt, um eine Schenkung – aber mit Rücksicht auf ein späteres Erbrecht. Häufigster Fall: die Übertragung eines Hausgrundstücks durch die Eltern an ein Kind unter Vorbehalt des Nießbrauchs. Dahinter stehen meist steuerliche Überlegungen, denn liegen zwischen der Übertragung und dem Tod mehr als 10 Jahre, werden Schenkung und Erbfall getrennt behandelt. Das bedeutet, dass in beiden Fällen die Freibeträge jeweils in voller Höhe geltend gemacht werden können. Die Details sind jedoch kompliziert. Sie benötigen daher die Hilfe eines Steuerberaters und eines Notars, der den Vertrag ohnehin beurkunden muss.

Auch und gerade hier gilt: Bitte nicht nur an die Steuern denken! Im Vordergrund sollte vielmehr die Überlegung stehen: „Ist es richtig und fair, die Übertragung vorzunehmen?" Will zum Beispiel ein Sohn das Elternhaus modernisieren und dazu viel Geld und Arbeit investieren, kann es unfair sein, ihn auf den späteren Erbfall zu verweisen – womöglich noch mit anderen Geschwistern gemeinsam. Die Steuerfrage ist hier nachrangig.

Wie wird ein Testament aufgesetzt?

Es ist wie beim Fliesenlegen: Selbermachen ist billiger, hält aber oft nicht so lange. Und genauso gibt es auch zwei Arten, ein Testament zu errichten – eine billige und eine teurere. Allerdings kann die billige Methode ebenfalls teuer werden – zumindest für Ihre Erben. Deshalb gilt es, einige grundlegende Regeln auf jeden Fall zu beachten

Das eigenhändige Testament

Die billige Art: Sie setzen Ihr Testament selbst auf. Das ist in einfachen Fällen kein Problem und selbst bei nicht ganz so einfachen werden Sie mithilfe dieses Buchs vermutlich zurechtkommen. Doch machen Sie sich bewusst, dass diese Art von Testament auch Gefahren birgt, zum Beispiel wenn Sie dabei Fehler machen. Oder wenn Ihr sorgsam geschriebenes Testament unauffindbar ist. Oder wenn der übergangene Erbe behauptet, Sie seien bei Abfassung des Testaments nicht recht bei Trost gewesen. Dann wäre ein notarielles Testament billiger gewesen. Zudem erspart es Ihren Erben im Normalfall den Erbschein (siehe Seite 131).

Entscheidend beim „selbst gemachten" Testament ist: Es muss vollständig von Ihnen selbst mit der Hand geschrieben und unterzeichnet werden. Sie dürfen es nicht mit der Schreibmaschine oder dem Computer schreiben und auch ein „virtuelles" Testament in Form einer Datei oder eines eingescannten Bildes genügt nicht – es muss ganz und gar eigenhändig sein. Das Schreibmaterial ist dabei gleichgültig. Aber die Unterschrift darf natürlich kein Faksimile-Stempel und keine elektronische Signatur sein – es muss Ihr Namenszug sein, von Ihnen selbst vollzogen. Das Testament sollte mit Ort und Datum versehen werden.

(„Sollte" heißt hier: Wenn die Angaben fehlen, ist das Testament dennoch wirksam – aber wer weiß bei mehreren

Testamenten dann, welches das zuletzt verfasste und damit gültige ist?) Und Ihre Unterschrift sollte Vor- und Zunamen erkennen lassen. „Marianne Henne“ wäre also in Ordnung, „Dein Jennecken“ auch, sofern ein Außenstehender das irgendwie mit Marianne Henne identifizieren kann – aber je eindeutiger der Name ist, desto weniger Missverständnisse gibt es später.

Die eigenhändige Form („holografisch“) sieht damit beispielsweise so aus:

Können Sie das gut lesen? Eben.

Deshalb die Empfehlung:

Wenn Sie mit der Schreibmaschine oder dem Computer umgehen können, machen Sie doch eine Leseabschrift und heften Sie diese an das Testament.

Und noch eine Empfehlung:

Schreiben Sie zweimal dasselbe Testament und unterzeichnen Sie beide – fertigen Sie also zwei Originale an. Das eine bewahren Sie zu Hause auf, das andere vielleicht an Ihrem Arbeitsplatz oder bei Freunden. Das verringert die Verlustgefahr.

Das notarielle Testament

Das übliche notarielle Testament entsteht, indem ein Notar den „letzten Willen“ des Erblassers (Testators) protokolliert. Das Protokoll folgt bestimmten Formvorschriften – wie bei allen öffentlichen Urkunden muss der Notar sich von der Identität des „Erschienenen“ überzeugen und die Personalien genau aufnehmen. Auch wird der Notar vermerken, ob ihm hinsichtlich der „Testierfähigkeit“

etwas aufgefallen ist. Denn weder ein Minderjähriger, der das 16. Lebensjahr noch nicht vollendet hat, noch eine Person, die „wegen krankhafter Störung der Geistestätigkeit, wegen Geistesschwäche oder wegen Bewusstseinsstörung nicht in der Lage ist, die Bedeutung einer von ihr abgegebenen Willenserklärung einzusehen und nach dieser Einsicht zu handeln", kann laut Gesetz ein Testament errichten. Der Notar wird sich deshalb mit dem Testator über dessen Wünsche unterhalten. Hat er Zweifel an der Testierfähigkeit, so wird er das in der Urkunde festhalten, genauso wie Behinderungen, deren Auswirkungen er vielleicht nicht beurteilen kann.

Könnte die Testierfähigkeit beeinträchtigt sein, wird der Notar die Beurkundung deswegen nicht ablehnen, sondern den behandelnden Arzt fragen und das Ergebnis vermerken (siehe dazu auch den Abschnitt „Sie haben ein behindertes Kind" ab Seite 94).

Das notarielle Testament hat also schon einmal zwei große Vorteile: Der Notar kennt die rechtlichen Vorschriften und wird die Vorstellungen des Erblassers juristisch korrekt „auf die Reihe bringen". Und die Beurkundung stellt sicher, dass – zumindest im Normalfall – niemand die Wirksamkeit des Testaments bezweifeln kann. Natürlich kann ein notarielles Testament jederzeit auch durch ein privatschriftliches Testament wieder geändert oder aufgehoben werden (siehe Seite 38).

Muster 1 Notarielles Testament im Krankenhaus

Verhandelt zu München am 15. Dezember 2009

Vor dem unterzeichnenden Notar Eugen Roth mit dem Amtssitz in München erschien heute im Klinikum Großhadern, wohin ich mich auf Ersuchen des erkrankten und dort in Behandlung befindlichen Erschienenen begeben hatte:

Herr Hans Seifert,
geb. 1.6.1930 in Dortmund (Standesamt Dortmund-Mitte Nr. 244),
Angestellter, wohnhaft Ringstr. 4, 81375 München,
ausgewiesen durch seinen Personalausweis.

Der Erschienene ersuchte mich um die Beurkundung eines

Testaments.

Ich, der Notar, stellte fest, dass Herr Seifert bettlägerig ist. Nach Auskunft des von mir mit Zustimmung des Herrn Seifert befragten Stationsarztes, Herrn Dr. Christoph Weber, hat Herr Seifert einen Herzinfarkt erlitten. Er steht unter Medikation, die seine geistigen Fähigkeiten nicht beeinträchtigt. Ich gewann auch in der Unterhaltung mit Herrn Seifert den deutlichen Eindruck, dass dieser in vollem Umfang testierfähig ist.

Herr Seifert erklärte sodann seinen letzten Willen mündlich wie folgt:

Ich widerrufe alle meine früheren letztwilligen Verfügungen. Ich setze hiermit meine Ehefrau Bärbel Seifert geb. Schmidt, geb. 18.8.1933, zu meiner alleinigen Erbin ein.

Vorstehende Verhandlung wurde vom Notar vorgelesen, vom Erschienenen genehmigt und wie folgt unterschrieben:

gez. Hans Seifert

Beachten Sie bitte: Normalerweise müssen die Amtsgeschäfte des Notars natürlich in seinem Büro vorgenommen werden. Aber wenn es um einen Kranken geht, muss der Notar auch ins Haus oder in die Klinik kommen.

Das dritte Argument für ein notarielles Testament: Es wird ganz sicher aufgefunden. Der Notar liefert es – unabhängig davon, wo der Erblasser wohnt – beim Amtsgericht seines Sitzes ab und benachrichtigt (ab 1.1.2012) ein zentrales Register. Stirbt der Erblasser, wird sein Tod vom Standesamt des Sterbeorts dem Register gemeldet – und das verständigt wiederum das Amtsgericht, das daraufhin das Testament eröffnet.

Und schließlich ein viertes Argument: Macht der Notar etwas falsch, haftet er mit seiner Berufshaftpflichtversicherung (die jeder Notar und Anwalt haben muss).

Was kostet das?

Notar- und Gerichtsgebühren werden nach dem „Gegenstandswert" berechnet. Bei Testamenten und Erbverträgen ist das der Wert des Vermögens zum Zeitpunkt der Errichtung nach Abzug der Schulden. Ein paar Beispiele (sämtliche Beträge in Euro; beim Notar kommen noch Schreib- und Postgebühren geringen Umfangs, Fahrtkosten und eine kleine Zusatzgebühr bei Auswärtsbeurkundung sowie die Umsatzsteuer dazu):

Beispiele für Gebühren (in Euro)

Wert	Notar Testament	Notar Erbvertrag	Gerichtliche Verwahrung
1.000	10,00	20,00	10,00
5.000	42,00	84,00	10,50
50.000	132,00	264,00	33,00
100.000	207,00	414,00	51,75
200.000	357,00	714,00	89,25
500.000	807,00	1.614,00	210,75

Was können Sie per Testament regeln?

In erster Linie natürlich die Erbeinsetzung, also die Bestimmung des- oder derjenigen, die im Todesfall erben sollen – darum geht es vor allem auch in den Beispiel- und Mustertestamenten in diesem Buch. Ein wichtiger Punkt dabei ist: Erbe ist man immer hinsichtlich des gesamten Vermögens eines Erblassers, ganz oder in Bruchteilen. Einzelne Vermögensgegenstände werden hingegen im Wege des Vermächtnisses übertragen.

Erbeinsetzung

Die leider immer wieder vorkommende Einsetzung als Erbe hinsichtlich eines Hauses, eines Schmuckstücks, eines Aktiendepots ist keine Erbeinsetzung, sondern ein Vermächtnis. Erstaunlicherweise passiert ein solches Versehen manchmal sogar Notaren. Das kann dann aber ein Fall für die Haftpflichtversicherung sein (siehe Seite 36). Es darf also zum Beispiel nicht heißen:

„Meine Nichte Nina Weber wird als Erbin eingesetzt für mein Hausgrundstück Hainallee 61 in Dortmund. Mein Neffe Arndt Schmid dagegen erbt mein Aktiendepot."

Denn wer soll nun Erbe sein – und mit welcher Quote? Wenn das Vermögen des Erblassers zum Zeitpunkt der Errichtung des Testaments nur aus dem Haus und den Aktien besteht, so wird das Gericht deren Werte und damit gleichzeitig auch die entsprechenden Anteile ermitteln. Wenn das Haus also beispielsweise 200.000 Euro und die Aktien 100.000 Euro wert waren, so ist Nina Weber Erbin zu ⅔, Arndt Schmid Erbe zu ⅓ – selbst wenn sich die Verhältnisse beim Eintritt des Erbfalls verändert haben sollten. Das heißt: Wenn der Erblasser zwischenzeitlich 1 Million Euro im Lotto gewonnen hat und daraufhin am Herzschlag stirbt, wird auch dieses Geld im Verhältnis ⅔ zu ⅓ aufgeteilt. Das ist aber alles von einer Auslegung durch das Gericht abhängig – und meist sehen solche Testamente nicht so einfach aus wie in dem Beispiel. Selbst wenn man also auf diesem Umweg ein „ordentliches" Testament erreicht, ist es doch besser, es gleich richtig zu machen.

Testamentsaufhebung

Generell gilt: Wird ein neues Testament errichtet, geht die jüngere Regelung der älteren vor (deshalb sollen Sie Ihr Testament ja auch datieren, siehe Seite 32). Aber manchmal fragt man sich vielleicht, ob und inwieweit die Änderung gegenüber der früheren Formulierung tatsächlich Gültigkeit besitzt. Dann ist es sicherer, alle bisherigen letztwilligen Verfügungen zu vernichten (gegebenenfalls müssen Sie Ihr Testament dazu aus der amtlichen Verwahrung wieder herausnehmen) oder sie per Testament (oder in einem neuen Erbvertrag) aufzuheben. Dazu reicht bereits der einfache Satz: „Hiermit hebe ich alle meine bisherigen Testamente auf."

Nacherbschaft

„Der Erblasser kann einen Erben in der Weise einsetzen, dass dieser erst Erbe wird, nachdem zunächst ein anderer Erbe geworden ist (Nacherbe)" – so das Gesetz. Gemeint ist: Sie hinterlassen zum Beispiel Ihrem Ehemann Ihr Vermögen für den Todesfall, verfügen aber gleichzeitig, dass bei seinem Tod (oder bei seiner Wiederverheiratung oder wenn er nicht eine anders lautende Verfügung trifft) das Vermögen Ihren Kindern als Nacherben zufällt. So kann Ihr Ehemann zwar Ihr Vermögen nutzen (etwa Ihr Haus bewohnen oder vermieten, Dividenden von Aktien kassieren), es aber nicht in der Substanz angreifen, also das Haus und die Aktien weder verkaufen noch belasten. Natürlich können Sie ihm das in Ihrer letztwilligen Verfügung auch gestatten und den Nacherben „auf den Überrest" setzen, aber das wird nur ausnahmsweise sinnvoll sein.

Zivilrechtlich gesehen wird der „Vorerbe" also nicht richtig Erbe; Erbe ist vielmehr der Nacherbe. Aber glauben Sie nicht, das wäre nun die Patentlösung, um die Erbschaft vor der Steuer zu schützen – steuerlich werden Vor- und Nacherbfall als zwei verschiedene Erbfälle behandelt, das heißt, die Steuer fällt – genau wie beim „Berliner Testament" (siehe Seite 65 f.) – zweimal an.

TIPP

Zum Thema „Nacherbschaft" werden Sie auch in den Mustern 30 bis 32 und 39 fündig.

Vermächtnis

Mit einem Vermächtnis wenden Sie jemandem einen bestimmten Nachlassgegenstand zu, zum Beispiel ein bestimmtes Schmuckstück. („Meinen goldenen Siegelring erhält mein Sohn Manfred.") Der Vermächtnisnehmer wird damit nicht Erbe, er erwirbt nur einen Zahlungs- oder Herausgabeanspruch gegen den oder die Erben. Natürlich kann man auch einen Vermächtnisanspruch – genau wie eine Erbschaft – ausschlagen (siehe Seite 67). Nebenbei: Der Vermächtnisanspruch verjährt, wie alle erbrechtlichen Ansprüche, nach einer am 1.1.2010 in Kraft getretenen Gesetzesänderung innerhalb von 3 Jahren!

Auch ein Erbe kann ein Vermächtnis bekommen (das sogenannte Vorausvermächtnis). Das bedeutet, dass er sich dessen Wert nicht auf seinen Erbanteil anrechnen lassen muss.

TIPP

Zum Thema „Vermächtnis" werden Sie auch in den Mustern 2, 4, 10, 21, 22, 29, 32, 37, 42 und 45 fündig.

Auflage

Unter einer Auflage versteht man eine Verpflichtung, die der Erblasser ausspricht, etwa die Anordnung einer bestimmten Grabpflege, die Auflage, dem Leichnam keine Organe zu entnehmen, oder etwa die Anordnung, ein Haustier zu versorgen. Wichtig: Mit einer solchen Auflage ist nicht zwangsläufig auch die Zuwendung eines Vermögensgegenstandes verbunden.

TIPP

Zum Thema „Auflage" werden Sie auch in den Mustern 3 und 35 fündig.

Testamentsvollstreckung

Ordnet der Erblasser über seinen Nachlass die Testamentsvollstreckung an, führt ein Testamentsvollstrecker die Verfügungen des Erblassers aus. Er ist sozusagen der Vertreter des Toten über den Tod hinaus und muss die Verteilung des Nachlasses unter den Miterben durchführen, Schulden begleichen, Vermächtnisse und Auflagen erfüllen. Er kann auch, wenn es der Erblasser so angeordnet hat, bis zur Dauer von 30 Jahren das Nachlassvermögen verwalten.

Zum Testamentsvollstrecker kann im Grunde jeder bestellt werden. Doch natürlich sollte diese Person nicht nur Ihr Vertrauen genießen, sondern – zumindest bei einer längeren Nachlass verwaltung – auch „Ahnung" von der Vermögensverwaltung haben, damit nicht ständig Kosten für externe Berater anfallen. So kann man beispielsweise an einen Immobilienverwalter denken, wenn es im Nachlass diverse Mietshäuser gibt. Steuerberater und Anwälte sind eigentlich immer geeignet.

Natürlich hat der Testamentsvollstrecker für diese Tätigkeit auch einen Anspruch auf Vergütung, die von der Höhe des Nachlasswerts (ohne Schuldenabzug) und dem Umfang der Testamentsvollstreckung abhängt. Vielen ist es jedoch unangenehm, diesen Punkt mit dem vorgesehenen Testamentsvollstrecker zu diskutieren – was aber besser wäre, denn es erspart allen Beteiligten Ärger und Peinlichkeiten. Hat nämlich der Erblasser die Vergütung nicht im Testament oder Erbvertrag festgelegt, muss der Testamentsvollstrecker sich mit den Erben einigen. Grundsätze des Deutschen Notarvereins zur Vergütung finden Sie unter anderem im Internet (siehe Seite 146).

TIPP

Zum Thema „Testamentsvollstreckung" werden Sie auch in den Mustern 10, 33, 38 und 39 fündig.

Schritt für Schritt zum eigenen Testament

„One size fits all" – solche Patentrezepte für den „letzten Willen" gibt es leider nicht. Aber es gibt viele typische Konstellationen, zu denen Sie hier passende Muster finden. Verwenden Sie diese Muster als Bausteine zur Entwicklung Ihres individuellen Testaments beziehungsweise als Grundlage für ein Beratungsgespräch mit Ihrem Anwalt, Steuerberater oder Notar.

Solo, verliebt, verlobt, geschieden ...

Vielleicht denken Sie jetzt: „Ich lebe allein, bin nicht verheiratet, habe keine Kinder und meine Eltern leben auch nicht mehr – da lohnt ein Testament doch kaum die Mühe!" Doch das ist ein Irrtum. Ich könnte Ihnen von Nachlässen erzählen, in denen Erbenermittler – ja, das ist ein Beruf! – über Jahre hinweg im In- und Ausland nach den gesetzlichen Erben gefahndet haben. Das Honorar für eine solche Suche kann je nach Wert des Nachlasses bei bis zu 20 Prozent liegen. Und solange die Erben nicht feststehen, muss ein Nachlasspfleger her, der ebenfalls aus dem Nachlass bezahlt wird. Sie sehen also, ein Testament lohnt sich gerade dann, wenn Sie alleinstehend sind.

Sie sind Single

Da bei Ihnen der Partner – und oftmals auch Kinder – als Erben ausfallen, stellt sich bei Ihnen in besonderem Maße die Frage, was nach Ihrem Tod mit Ihrem Nachlass passieren soll. Überlegen Sie: Haben Sie einen Lieblingsverwandten oder einen guten Freund – oder auch mehrere –, den Sie als Erben einsetzen möchten? Vielleicht gibt es aber auch eine gemeinnützige Organisation, der Sie Ihren Nachlass ganz oder zum Teil zuwenden wollen (siehe Seite 88)? Wenn ja, dann schreiben Sie denjenigen in Ihr Testament. Denn dann braucht niemand mehr zu prüfen, ob eine Verwandtschaft besteht, und muss nicht nach entsprechenden Urkunden suchen.

Muster 2 Testament eines Alleinstehenden mit Vermächtnis

Ich setze zu meinen Erben ein:
die Kinder meiner verstorbenen Geschwister,

1. meinen Neffen Hans Heinemann,
   geb. 3. Mai 1944,
   wohnhaft in München,
   Pettenkoferstr. 5,

2. meinen Neffen Helmut Ludwigs,
   geb. 1. Dezember 1955,
   wohnhaft in Hamburg,
   An der Alster 26,

3. meine Nichte Antje Ahrens,
   geb. 15. April 1959,
   wohnhaft in Leipzig,
   Goethestr. 50,

und zwar zu je einem Drittel. Ersatzerben sind die jeweiligen Abkömmlinge dieser Erben. Haben sie keine Abkömmlinge, sind die anderen Erben beziehungsweise deren Abkömmlinge nach Stämmen berufen.

Als Vermächtnis setze ich einen Betrag von 25.000 Euro (in Worten fünfundzwanzigtausend) aus zugunsten des Vereins zur Unterstützung schiffbrüchiger Alpenlandwirte e.V. in Bremen.

Erfurt, den 2. März 2010

Arndt Stadler

Die Geburtsdaten sind nötig, damit man die Erben leichter im Einwohnermeldeamt wiederfindet, besonders bei häufig vorkommenden Familiennamen. Mit den Ersatzerben legen Sie fest, wer Erbe wird, wenn der eigentlich bedachte Erbe vor Ihrem Tod verstirbt oder er die Erbschaft ausschlägt. Bei den eigenen Kindern ist das nicht unbedingt nötig, weil das Gesetz deren Abkömmlinge als Ersatzerben ansieht. Wenn Ihre Mutter oder Ihr Vater noch leben, steht ihnen ein Pflichtteilsrecht zu – 50 Prozent des Nettonachlasses, wenn es keinen Ehegatten und keine Abkömmlinge gibt.

Denken Sie zudem einmal darüber nach, ob Ihr entfernter Lieblingsverwandter, den Sie als Erben ausgewählt haben, vielleicht von Ihnen adoptiert werden sollte („Annahme als Kind" nennt es das Gesetz heute). Auch Erwachsene kann man adoptieren – zugegebenermaßen ist das recht schwierig, denn das Gesetz verlangt eine „sittliche Rechtfertigung", die insbesondere dann anzunehmen ist, wenn „zwischen dem Annehmenden und dem Anzunehmenden ein Eltern-Kind-Verhältnis bereits entstanden ist". Der Lohn der Mühe: ein gesetzlicher Erbanspruch und der erhebliche steuerliche Freibetrag des Kindes.

■ Das Haustier als Erbe?

Viele Menschen hängen sehr an ihren Haustieren. Doch die Frage, ob man diese auch als Erben einsetzen kann, muss ganz klar verneint werden. Denn Erben können laut Gesetz nur natürliche Personen sein (also Menschen) oder juristische (also zum Beispiel eine Stiftung oder ein Verein). Allerdings gibt es einen Umweg, auf dem man doch zum Ziel kommen kann:

Muster 3 Testament wegen eines Haustiers

Ich setze die Stadt Dortmund als Träger des Städtischen Tierheims zu meinem alleinigen Erben ein. Die Erbeinsetzung erfolgt mit der Auflage, dass das Tierheim meine Dackelhündin „Peggy" nach meinem Ableben übernimmt – wenn sie dann noch lebt – und bis an ihr natürliches Ende betreut und unterhält.

Dortmund, den 2. März 2010

Anna Fünten

Das wird die Stadt aber nur tun, wenn es sich für sie lohnt, und andernfalls die Erbschaft ausschlagen. Natürlich könnte man in gleicher Weise einen Menschen einsetzen, dann wohl am besten gleich unter Benennung eines Ersatzerben für den Fall, dass der erste vor dem Erbfall verstirbt oder die Annahme der Erbschaft ablehnt.

■ Sie sind in einem Alten- oder Pflegeheim

Sie fühlen sich in Ihrem Heim hervorragend untergebracht, die Heimleiterin ist immer freundlich zu Ihnen und die Pflegerinnen betreuen Sie bestens – ganz im Gegensatz zu Ihrem einzigen Sohn, der sich überhaupt nicht um Sie kümmert. Und auch Ihre beiden Enkelinnen gehen lieber in die Disco, als Sie zu besuchen.

Da kommen Sie auf die Idee, der Heimleiterin ein hübsches Sümmchen als Vermächtnis zu hinterlassen oder (wenn Sie daran durch das frühere gemeinschaftliche Testament mit Ihrem verstorbenen Ehepartner gehindert sind) zu schenken.

Geht das? Grundsätzlich nein. Geschenke an den Träger des Heims, dessen Leitung und das Heimpersonal, die über geringwertige Aufmerksamkeiten (die berühmte Pralinenschachtel) hinausgehen, sind verboten und müssten an Ihre Erben wieder herausgegeben werden. Für letztwillige Verfügungen gilt dasselbe, sofern dem Begünstigten die Zuwendung schon zu Ihren Lebzeiten bekannt war – solche Verfügungen sind verboten und unwirksam. Allenfalls wäre etwa Folgendes denkbar:

Muster 4 Testament für Heimpersonal

Ich setze der Leiterin des Seniorenwohnheims „Burg Binsfeld", in dem ich wohne, Frau Ingrid Thoma, die immer ganz besonders freundlich zu mir ist, ein Vermächtnis in Höhe von 20.000 Euro aus.

Ich möchte dabei erwähnen, dass ich durch anderweitige Verfügungen nicht an diesem Vermächtnis gehindert bin und dass ich weder gegenüber Frau Thoma noch dem Inhaber des Heims noch dem Personal etwas von diesem Vermächtnis erwähnt habe oder in Zukunft erwähnen werde. Das Testament werde ich auch nicht im Heim aufbewahren, sondern gebe es in mein Bankfach.

Mit einem solchen Testament ist Streit jedoch häufig programmiert, sofern Ihre eigentlichen Erben keine großzügigen Menschen sind. Natürlich können Sie auch ein solches Testament jederzeit widerrufen.

TIPP

Übrigens geht es bei dem gesetzlichen Verbot wirklich nur um Heime. Wenn Sie in einer Altenwohnung ohne besondere Zusatzleistungen leben, handelt es sich nicht um ein Heim.

Sie leben mit einem Partner zusammen

Das Gesetz hält für „nichteheliche Lebensgemeinschaften" keine Vorgaben bereit. (Achtung, wir sprechen hier nicht von eingetragenen Lebenspartnerschaften!) Das heißt, kein Partner hat einen Erbanspruch auf den Nachlass des anderen. Entsprechend kann alles, was ab Seite 15 zur gesetzlichen Erbfolge der Ehegatten gesagt wurde, hier nicht gelten. Also müssen Sie den Erbanspruch selbst schaffen.

Dazu gibt es zwei Möglichkeiten: ein Testament oder einen Erbvertrag. Das Testament kann jeder für sich privatschriftlich oder notariell erstellen, während der Erbvertrag zwingend notariell beurkundet werden muss, wenn er wirksam sein soll. Ein gemeinschaftliches Testament ist nicht möglich. Hüten Sie sich also davor, Ihre Testamente in einem einzigen Schriftstück niederzulegen. Ihre Testamente können natürlich gleichlautend sein – aber sie sollten getrennt niedergelegt werden. Selbstverständlich können Sie sie zusammen aufbewahren.

Der große Unterschied zwischen Testament und Erbvertrag besteht darin, dass ein Erbvertrag für beide verbindlich ist, das Testament hingegen jederzeit widerrufen oder abgeändert werden kann – auch ohne dass der andere Partner dies erfährt. Nehmen wir also einmal an, Sie wollen sich einfach gegenseitig zu Erben einsetzen:

Muster 5 Testament für Lebensgefährten

Ich setze hiermit meine Lebensgefährtin Therese Turner, geb. 5.7.1972, zu meiner alleinigen Erbin ein. Es ist mir klar, dass meinen Eltern, wenn sie bei meinem Tod noch leben, ein Pflichtteilsrecht zusteht, aber ich bitte sie, auf seine Geltendmachung zu verzichten.

Flensburg, den 2. Februar 2010

Jochen Wittmann

Ich setze hiermit meinen Lebensgefährten Jochen Wittmann, geb. 25.10.1970, zu meinem alleinigen Erben ein.

Flensburg, den 2. Februar 2010

Therese Turner

Denken Sie daran: Etwaige Kinder haben ebenso ein Pflichtteilsrecht wie lebende Eltern. Die Eltern haben einen Pflichtteilsanspruch in Höhe der Hälfte des Nachlasses ihres Sohns oder ihrer Tochter. Dasselbe gilt für Kinder (dann steht den Eltern natürlich nichts zu). Ändern kann man das einseitig nicht – vielleicht können Sie die Eltern zu einem Pflichtteilsverzicht bewegen (siehe Abschnitt „Erb- und Pflichtteilsverzicht“ ab Seite 108). Und – entschuldigen Sie bitte, liebe Fans der Beziehung ohne Trauschein – wenn man sich schon so viele Gedanken über das Erben macht, dann wäre vielleicht doch eher ans Heiraten zu denken …

Der Vorteil des Testaments ist, dass man es bei einem möglichen Ende einer Beziehung schnell widerrufen oder ändern kann. Beim Erbvertrag muss man da schon besser aufpassen. Ein solcher einfacher Erbvertrag Unverheirateter könnte lauten:

Muster 6 Erbvertrag zwischen Lebensgefährten

Verhandelt zu ... am ...

Vor dem unterzeichnenden Notar ... mit dem Amtssitz in ...

erschienen heute, von Person bekannt:

1. Herr Jochen Wittmann, geb. 25.10.1970, wohnhaft ...

2. Frau Therese Turner, geb. 5.7.1972, wohnhaft ...

Die Erschienenen ersuchten den Notar, der sich im Gespräch von der Geschäfts- und Testierfähigkeit überzeugte, um die Beurkundung eines

Erbvertrags und erklärten:

Wir sind Deutsche. Wir waren beide noch nie verheiratet und haben keine Kinder. Die Eltern des Herrn Wittmann leben beide, die der Frau Turner sind verstorben. Wir leben seit längerer Zeit zusammen.

Wir setzen uns gegenseitig zu alleinigen Erben ein.

Diese Verfügung soll vertragsgemäß sein. Jeder von uns kann jedoch von diesem Erbvertrag durch notariell beurkundete, dem anderen zuzustellende Erklärung zurücktreten, wenn unsere Lebensgemeinschaft auf Dauer beendet ist, aus welchem Grund auch immer. Wenn wir inzwischen heiraten sollten, gilt die Rücktrittsmöglichkeit für den Fall der dauerhaften Trennung.

vorgelesen – genehmigt – unterschrieben:

Schwieriger kann die Erbfolgeregelung werden, wenn einer oder beide Partner noch in einer gültigen Ehe leben, aus der womöglich auch Kinder stammen, die beim getrennt lebenden Ehepartner wohnen – oder wenn etwa der Mann in seiner Ehe lebt, aber ein Verhältnis mit der Frau hat, die er zu seiner Erbin einsetzt. Solche Testamente können sittenwidrig sein. Die Rechtsprechung war gegenüber diesen „Geliebten-Testamenten" früher sehr negativ eingestellt. Heute ist man mit der Abwendung des Gesetzgebers von der lebenslangen Ehe großzügiger geworden. Die Entscheidung hängt vom Einzelfall ab – gibt es „achtenswerte Motive" außerhalb der rein sexuellen Beziehung? Es liegt auf der Hand, dass hier der genaue Wortlaut den Unterschied ausmachen kann. Zunächst ein Negativbeispiel: *„Ich setze zu meiner alleinigen Erbin meine Geliebte Irmgard Gablonz ein. Ich möchte nicht, dass meine Frau irgendetwas aus meinem Nachlass bekommt, denn nur bei meiner Geliebten habe ich immer alles gefunden, was ich mir gewünscht habe."*

Deutlich aussichtsreicher ist folgende Formulierung:

Muster 7 Geliebten-Testament

Ich unterhalte seit sechs Jahren eine Beziehung zu Frau Irmgard Gablonz, geb. 3.1.1982. Ich bin aus Pflichtgefühl bei meiner Frau geblieben und habe mich nicht von ihr getrennt, weil meine Frau sehr krank ist und ich sie nicht allein lassen wollte. Sie hat mich trotzdem schlecht behandelt und vor Bekannten und Freunden abqualifiziert. Frau Gablonz dagegen war immer für mich da und hat mich trotz der Demütigung, die es bedeutete, dass ich immer wieder nach Hause zurückkehrte, unterstützt und aufgerichtet.

Wenn ich vor meiner Frau sterben sollte, so mag meine Frau ihren Pflichtteil haben, aber zu meiner Erbin setze ich hiermit allein Frau Gablonz ein.

In solchen Fällen ist die Beratung durch einen Anwalt oder Notar dringend nötig! Bei der Erbschaftsteuer gelten natürlich die höchste Steuerklasse und der geringste Freibetrag – nur wenig gemildert durch den zusätzlichen Freibetrag für Hausrat.

Sie leben getrennt oder sind geschieden

Man sollte eigentlich meinen, mit der Trennung sei alles vorbei, auch was das Erbrecht angeht, doch die gesetzliche Erbfolge wird dadurch nicht geändert – Ehemann und Ehefrau behalten ihren gesetzlichen Erbanspruch und ihren Pflichtteilsanspruch, wenn der andere in dieser Zeit verstirbt. Der Tod nach der Scheidung dagegen löst natürlich keine Erbansprüche mehr aus. Dasselbe gilt bei der Trennung oder Aufhebung einer eingetragenen Lebenspartnerschaft.

Das Erbrecht entfällt auch dann, wenn zur Zeit des Todes die Voraussetzungen für die Scheidung der Ehe vorlagen und der dann verstorbene Ehegatte einen Scheidungsantrag gestellt hatte. Ein Antrag des Überlebenden reicht nicht – es sei denn, der Verstorbene hatte dem Antrag zugestimmt. Dasselbe gilt, wenn der Ehegatte durch Testament zum Erben eingesetzt war (wenn sich aus dem Testament nichts anderes ergibt), auch für gemeinschaftliche Testamente und Erbverträge.

Solange Sie also keine Scheidung beantragt haben (und sicherheitshalber auch dann!), sollten Sie ein Testament zugunsten Ihres Ehegatten widerrufen. Das geht ganz einfach – Sie brauchen es nur zu vernichten oder ein Testament, das beim Amtsgericht verwahrt wird, dort abzuholen oder ein neues Testament abzufassen. Ein gemeinschaftliches Testament muss dagegen in einer bestimmten Form widerrufen werden, nämlich notariell beurkundet (nicht nur beglaubigt!).

Muster 8 Widerruf eines gemeinschaftlichen Testaments

Verhandelt zu Düsseldorf am 25. April 2010

Vor dem unterzeichnenden Notar Dr. Max Miller mit dem Amtssitz in Düsseldorf erschien heute: Frau Renate Sobiecki geb. Fünter, geb. am ..., wohnhaft ..., und erklärte:

Ich errichtete vor dem amtierenden Notar am 10.8.2000 mit meinem Ehemann Hans-Wilhelm Sobiecki ein gemeinschaftliches Testament, das unter anderem letztwillige Verfügungen von meiner Seite zugunsten meines Ehemanns und zugunsten unserer Kinder enthält.

Ich widerrufe hiermit alle diese Verfügungen gegenüber meinem Ehemann.

Den Notar beauftrage ich mit der Zustellung einer Ausfertigung dieses Widerrufs an meinen Ehemann unter seiner Anschrift Giselastr. 120 in München per Gerichtsvollzieher.

vorgelesen – genehmigt – unterschrieben

Dann sind Sie jedoch erst bei der gesetzlichen Erbfolge angekommen. Um die auszuschließen, müssen Sie ein entsprechendes Testament verfassen. Am Pflichtteilsanspruch ändert das allerdings nichts, es sei denn, es liegen Gründe für eine Entziehung vor (siehe Abschnitt „Sie wollen den Pflichtteil entziehen" ab Seite 96).

TIPP

Beim Erbvertrag geht das genauso, allerdings nur wenn Sie sich den Rücktritt allgemein oder für den Fall einer Trennung ausdrücklich vorbehalten haben. Wenn Sie eine Lebensversicherung haben, denken Sie daran, die Benennung Ihres Ehegatten als Begünstigten zu widerrufen.

■ Alles fürs Kind, nichts für den Ehepartner

Insbesondere wenn es um sehr große Vermögenswerte geht, kann Folgendes passieren: Sie versterben, Ihr Nachlass geht auf Ihr Kind über, Ihr geschiedener Ehegatte bekommt nichts. Wenn Ihr Kind nach Ihnen verstirbt, so bekommt Ihr geschiedener Ehegatte als Vater oder Mutter des Kindes den Nachlass – unter Umständen sogar ganz. Damit kann Ihr Vermögen ganz oder teilweise auf den geschiedenen Ehegatten übergehen. Die einseitige Lösung, um dies zu vermeiden:

Muster 9 Geschiedene und getrennt Lebende

Ich setze meine Tochter Susanne Sobiecki, geb. ..., wohnhaft ..., zu meiner alleinigen Erbin ein.

Sie ist jedoch Vorerbin, wobei sie von allen Beschränkungen des Vorerben im gesetzlich möglichen Umfang befreit ist. Nacherben sind ihre gesetzlichen Erben, unter Ausschluss meines von mir getrennt lebenden Ehemanns Hans-Wilhelm Sobiecki.

Die Nacherbfolge entfällt, wenn mein Ehemann verstirbt oder beim Tod meiner Tochter durch Gesetz oder Testament von der Erbfolge ausgeschlossen ist.

Ist meine Tochter im Erbfall noch minderjährig, so darf mein Ehemann das von mir an meine Tochter vererbte Vermögen nicht verwalten.

Düsseldorf, den 26. April 2010

Renate Sobiecki

Ähnliches ließe sich auch durch einen entsprechenden Erbvertrag mit der Tochter erreichen, aber natürlich nur wenn sie volljährig ist.

Sie sind ledig und haben Kinder

Die gesetzliche Erbfolge ist klar: Sie werden nur von Ihren Kindern beerbt – zu gleichen Teilen. Ein Anlass zu einem Testament kann dennoch sein:

- Sie wollen die Kinder unterschiedlich bedenken oder Anordnungen über die Aufteilung treffen.
- Sie wollen einen Vormund für minderjährige Kinder vorschlagen.
- Ihr Vermögen ist so groß, dass die Kinder nicht sofort darüber verfügen sollen, wenn sie noch jung sind.

Bis zum Pflichtteil hinunter können Sie Ihre Kinder natürlich unterschiedlich bedenken. Sie wollen vielleicht auch erreichen, dass das eine Kind das Haus übernimmt, das der Familie seit Langem gehört, ein anderes Kind dafür eine Eigentumswohnung erhält. Wenn die Kinder trotzdem den gleichen Anteil bekommen sollen, ist das eine Teilungsanordnung, die, wenn die Gegenstände verschiedenen Wert haben, zu einer Ausgleichung führt. Soll ein solcher Ausgleich ausgeschlossen sein, so muss das ausdrücklich gesagt werden.

Muster 10 Testament einer Alleinerziehenden, Vorausvermächtnis, Testamentsvollstreckung

Ich bin unverheiratet. Meine Kinder sind: Charlotte Kestner, geb. 25.2.1989, und Oliver Kestner, geb. 15.9.1999. Wenn ich sterbe, bevor mein Sohn volljährig ist, so möchte ich, dass zum Vormund meine Freundin Ursula Henkel, wohnhaft ..., bestellt wird, ersatzweise Eva-Maria Müller, wohnhaft ...

Meine Kinder setze ich zu je ½ zu meinen Erben ein. Jedoch soll meine Tochter Charlotte vorab unser Einfamilienhaus Wilsingweg 28 in Dortmund-Gartenstadt erhalten, so wie es sich im Todesfall befindet, mit den sodann vorhandenen Belastungen und mit dem gesamten darin befindlichen Mobiliar, außerdem das Familiensilber (Besteck für 12 Personen, das sich in der Biedermeier-Kommode im Esszimmer befindet), während mein Sohn Oliver vorab die vermietete Eigentumswohnung Aplerbecker Str. 350 in Dortmund-Schüren erhält, ebenso mit den etwaigen Belastungen. Ein Wertausgleich soll nicht stattfinden.

Ich ordne Testamentsvollstreckung an, und zwar jeweils bis zur Vollendung des 25. Lebensjahrs meiner Kinder. Der Testamentsvollstrecker hat die Aufgabe, das vererbte Vermögen während dieser Zeit zu verwalten, und zwar in der Weise, dass meine Kinder möglichst aus den Erträgen, notfalls zulasten der Substanz, ihre Schulausbildung beziehungsweise ihr Studium so fortsetzen können, wie sie es bisher gewohnt sind. Zum Testamentsvollstrecker ernenne ich Herrn Rechtsanwalt Dr. Lutz Hoppejan in Dortmund. Kann oder will dieser das Amt nicht übernehmen, so soll der Testamentsvollstrecker aus dem Kreis der rechts- und steuerberatenden Berufe durch den Präsidenten des Landgerichts in Dortmund ernannt werden. Die Vergütung des Testamentsvollstreckers soll sich nach den Vergütungsempfehlungen des Deutschen Notarvereins richten.

Wer Vormund werden soll, kann nur vorgeschlagen, nicht endgültig bestimmt werden. Das Amtsgericht wird sich aber normalerweise nach diesem Vorschlag richten. Die Zuweisung einzelner Vermögenswerte kann zur Vermeidung von Streitigkeiten sinnvoll sein; sie kann auch zum Ausgleich von Vorausempfängen oder besonders hohen Ausbildungskosten dienen (der Junior könnte ja zum Beispiel ein teures Internat am Bodensee oder in England besuchen).

■ Testamentsvollstreckung

Eine Testamentsvollstreckung führt dazu, dass der Erbe über die Nachlassgegenstände nicht selbst verfügen kann (siehe Abschnitt „Was können Sie per Testament regeln?“ ab Seite 37). Im Muster handelt es sich um eine Verwaltungsvollstreckung, die auf eine bestimmte Dauer abzielt (die längste Zeitdauer beträgt 30 Jahre). Der Testamentsvollstrecker hat Anspruch auf eine Vergütung, die sich aus der Vergütung für die Konstituierung des Nachlasses – Feststellung der Aktiva und Passiva – und aus der Vergütung für die Verwaltung zusammensetzt. Je höher der Nachlasswert, umso geringer ist der Prozentsatz der Vergütung. Der Testamentsvollstrecker wird vom Amtsgericht nicht direkt beaufsichtigt, ist aber den Erben gegenüber verantwortlich, die jederzeit gegen ihn Ansprüche geltend machen oder auch seine Absetzung verlangen können.

Der Testamentsvollstrecker kann in diesem oder einem folgenden Testament ernannt werden, man kann die Benennung auch einer anderen Institution oder dem Gericht überlassen. Im notariellen Testament darf der beurkundende Notar nicht als Testamentsvollstrecker angegeben werden; diese Benennung wäre nichtig. Allerdings gibt es einen Umweg. Im notariellen Testament heißt es: *„Ich ordne Testamentsvollstreckung an. Die Person des Testamentsvollstreckers benenne ich in einem gesonderten Testament.“*

Dazu schreiben Sie dann – handschriftlich und eigenhändig – ein Testament, in dem es nur heißt: *„Ich habe heute vor dem Notar Ortwin Mahr in Mönchengladbach ein Testament errichtet und darin Testamentsvollstreckung angeordnet. Ich ernenne hiermit eben diesen Notar Ortwin Mahr zu meinem Testamentsvollstrecker. Kann oder will er das Amt nicht übernehmen, soll der Präsident der Notarkammer Köln einen Testamentsvollstrecker ernennen.“*

Die Sache mit der Testamentsvollstreckung hat allerdings einen Haken, ebenso wie die Anordnung von Vor- und Nacherbschaft, Teilungsanordnungen, Vermächtnisse und Auflagen: Wird ein Pflichtteilsberechtigter (also Ehegatte, Abkömmling, Eltern) mit solchen „Beschränkungen und Beschwerungen“ belastet, wie in Muster 10, kann der Pflichtteilsberechtigte (im Beispiel: Oliver) den Erbteil ausschlagen und seinen Pflichtteil verlangen. Dadurch verliert er möglicherweise eine Menge Geld, nichtsdestotrotz kann ein solches Vorgehen durchaus überlegenswert sein. Denken Sie nur an die Nacherbschaft: Sie führt dazu, dass der damit belastete Erbe praktisch über den Nachlass nicht verfügen kann. Schlägt er den Erbteil aus und befreit sich damit von der Nacherbschaft, bekommt er nominell zwar weniger Geld, kann aber dafür frei darüber verfügen.

Im Muster 10 wurde davon ausgegangen, dass die besonders zugewiesenen Vermögensgegenstände nicht ausgeglichen werden sollen (das nennt man ein Vorausvermächtnis). Soll ein solcher Ausgleich doch stattfinden, so ist es besser, auch das klarzustellen und den Erben zur Vermeidung von Streit außerdem gleich einen Weg vorzuschlagen, wie sie das am besten bewerkstelligen:

Muster 11 Testament mit Teilungsanordnung

Meine Kinder setze ich zu je ½ zu meinen Erben ein. Dabei soll meine Tochter Charlotte unser Einfamilienhaus Wilsingweg 28 in Dortmund-Gartenstadt erhalten, so wie es sich im Todesfall befindet, mit den sodann vorhandenen Belastungen und mit dem gesamten darin befindlichen Mobiliar, außerdem das Familiensilber (Besteck für 12 Personen, das sich in der Biedermeier-Kommode im Esszimmer befindet), während mein Sohn Oliver die vermietete Eigentumswohnung Aplerbecker Str. 350 in Dortmund-Schüren erhält, ebenso mit den etwaigen Belastungen.

Die unterschiedlichen Werte des Hausgrundstücks mit Mobiliar und Silber und der Eigentumswohnung sind in Geld auszugleichen. Können die Erben sich über die Werte nicht einigen, so soll die Festlegung im Sinne eines Schiedsgutachtens durch einen vom Präsidenten der Industrie- und Handelskammer Dortmund auf Antrag auch nur eines Erben zu ernennenden, öffentlich bestellten und vereidigten Sachverständigen für die Bewertung von Grundbesitz erfolgen; wegen der Sachen kann dieser, wenn nötig, einen Sachverständigen für Möbel und einen Sachverständigen für Silber hinzuziehen. Der Sachverständige entscheidet gleichzeitig in entsprechender Anwendung der §§ 91ff. ZPO darüber, wer seine Kosten zu tragen hat. Dasselbe Verfahren gilt entsprechend, sofern nur Streit über Mobiliar oder das Silber besteht.

Wenn Sie sich Sorgen darüber machen, dass der nichteheliche oder geschiedene Vater Ihrer Kinder Erbansprüche haben kann, falls die Kinder nach Ihnen, aber vor dem Vater versterben, gibt es eine Lösung, die Sie im Abschnitt „Sie leben getrennt oder sind geschieden“ ab Seite 53 finden.

Verheiratet – Das gilt für Ehepaare

Auch der Ehegatte hat ein gesetzliches Erbrecht, dessen Höhe davon abhängt, welcher Güterstand galt und in welcher Erbordnung Verwandte mit dem Ehegatten zusammentreffen. Die Annahme, dass dem Ehegatten automatisch das gesamte Erbe zufällt, ist ein – leider immer noch weitverbreiteter – Irrtum. Deshalb gilt es vorzusorgen.

Sie sind kinderlos verheiratet

Ehepaare ohne Kinder denken oft nicht über ein Testament nach, weil sie glauben, dass ein Ehegatte den anderen automatisch allein beerbt. Das kann aber falsch sein: nämlich wenn die Großeltern, Eltern oder Geschwister des verstorbenen Ehegatten noch leben. Eltern oder an ihrer Stelle die Geschwister beziehungsweise Großeltern erben ¼ des Nachlasses neben dem überlebenden Ehegatten, gesetzlicher Güterstand unterstellt, solange in der Ehe kein Kind geboren wurde – dann allerdings ist Schluss mit dem Eltern-, Geschwister- und Großelternerbrecht. Gerade wenn die Eheleute also noch jung sind und

Muster 12 Gemeinschaftliches Testament – keine Kinder, einfach

Wir setzen uns gegenseitig zu Alleinerben ein.

Wolfsburg, den 1.2.2010

Thomas Richter

Das ist auch mein letzter Wille.

Wolfburg, den 1.2.2010

Susanne Richter

keine Kinder haben, sollten sie ein Testament machen – es sei denn, die gesetzliche Erbfolge erscheint ihnen als genau das Richtige.

Natürlich bleibt den Eltern des verstorbenen Ehegatten ihr Pflichtteilsrecht, das ⅛ des Nettonachlasses beträgt. Die Geschwister und Großeltern des Verstorbenen haben dagegen keinen Anspruch auf einen Pflichtteil.

Das Ehepaar kann auch getrennte Testamente mit gleichem Inhalt errichten. Der Vorteil: Solche getrennten Testamente können jederzeit widerrufen oder durch ein neues ersetzt werden, ohne dass es der andere Ehegatte erfährt. Selbstverständlich kann man das Testament gleich so abfassen, dass es auch dann noch seinen Sinn erfüllt, wenn ein Kind geboren wird:

Muster 13 Gemeinschaftliches Testament, eventuell Kinder, einfach

Wir setzen uns gegenseitig zu Alleinerben ein.

Falls aus unserer Ehe Kinder hervorgehen sollten, setzen wir diese zu gleichen Teilen zu Erben des zuletzt Versterbenden ein.

Hieße es: „Falls wir noch Kinder haben sollten …“, wäre unklar, ob damit nicht auch das nichteheliche Kind eines der Ehegatten gemeint sein könnte. Ein adoptiertes Kind gilt übrigens ebenfalls als „ein Kind aus der Ehe“.

TIPP
Aber auch ohne eigene Kinder kann man Regelungen für den Tod des zuletzt Versterbenden treffen. Vielleicht haben Sie Patenkinder, die Sie zu Erben einsetzen wollen oder die zumindest ein Vermächtnis bekommen sollen.

Sie leben in einer eingetragenen Partnerschaft

Das gesetzliche Erbrecht sieht nicht anders aus als in einer Ehe mit gesetzlichem Güterstand. Dementsprechend können die Partner ihre Erbfolge genauso wie ein Ehepaar regeln – durch Testament, gemeinschaftliches Testament oder Erbvertrag (ein Beispiel für ein gemeinschaftliches Testament von Lebenspartnern ist das Muster 41). Auch gemeinsame Kinder kann es geben, seit das Gesetz die Annahme des Kindes eines Partners durch den anderen ermöglicht.

Und natürlich gilt auch hier, dass die Kinder eines Partners, sonst seine Eltern (nicht die Geschwister), ein Pflichtteilsrecht haben, nämlich in Höhe von ¼ (bei Eltern: von ⅛) des Nettonachlasswertes.

TIPP
Seit dem 1.1.2010 ist die steuerliche Behandlung der Lebenspartner derjenigen der Ehegatten bei den persönlichen und sachlichen Freibeträgen angeglichen, nicht aber bei der Einstufung in die Steuerklassen – der Lebenspartner wird mit der ungünstigeren Steuerklasse III belegt.

Sie wollen gemeinsam in den Urlaub fliegen …

… was ist, wenn wir mit dem Flugzeug verunglücken? Die trockene Antwort des Juristen wird sein: Kaum jemals sterben mehrere Personen wirklich gleichzeitig (im gleichen Bruchteil einer Sekunde!). Sollte dieser seltene Fall doch eintreten, kann keiner von beiden den anderen beerben, denn dazu muss man ja den anderen überleben, und sei es nur um Sekunden. Der gleichzeitige Tod ist also nicht anders zu behandeln, als wäre der Partner vorher verstorben: Es erben die per Testament oder kraft Gesetzes berufenen Ersatzerben. Der Nachlass eines jeden geht auf seine Erben über, ohne Berücksichtigung des anderen.

Gibt es gemeinsame Kinder, ist das also ziemlich gleichgültig – gibt es sie nicht, entscheidet oft der Zufall, in welche Familie welcher Nachlass fällt. Ist Ihnen das nicht egal, so könnten Sie formulieren:

Muster 14 Gemeinschaftliches Testament – gleichzeitiger Tod

Wir setzen uns gegenseitig zu Alleinerben ein.

Falls aus unserer Ehe Kinder hervorgehen sollten, setzen wir diese zu gleichen Teilen zu Erben des zuletzt Versterbenden ein.

Sollten wir gleichzeitig oder kurz nacheinander – zum Beispiel bei einem Unfall – kinderlos versterben, so sollen unsere beiderseitigen gesetzlichen Erben unser beider Nachlass so erhalten, als wären sie jeweils mit uns beiden verwandt. Nach den heutigen Verhältnissen wären das die Mutter des Ehemanns – diese erhält dann von beiden Nachlässen je ½ – und die beiden Brüder der Ehefrau – diese erhalten dann von beiden Nachlässen je ¼.

Warum die „heutigen Verhältnisse"? Nun, die Anwendung auf den konkreten Lebenssachverhalt macht die etwas ungewöhnliche Regelung klarer. Das schadet auch in anderen Fällen, bei Testamenten wie bei Verträgen, nicht ...

Wie im Abschnitt „Sie sind ledig und haben Kinder" ab Seite 56 sollte bei einer jüngeren Familie – die Kinder bleiben bei den Großeltern, während die Eltern auf Reisen sind – die Vormundschaft geregelt sein, also empfiehlt sich eine Ergänzung wie: *„Wir möchten, dass zum Vormund unserer Tochter Laura die Mutter der Ehefrau bestellt wird, zum Vormund unserer Tochter Julia der Vater des Ehemanns."*

Sie sind verheiratet und haben Kinder

Welche letztwillige Verfügung zweckmäßig ist, hängt natürlich von Ihren persönlichen und vor allem von Ihren finanziellen Verhältnissen ab. Hinzu kommt die Frage der Versorgung des überlebenden Ehegatten – und das ist, statistisch gesehen, in 70 Prozent aller Fälle die Ehefrau, die auch heute noch meist die geringeren Rentenansprüche hat. Es gibt große Unterschiede in der Auffassung darüber, was den Kindern zukommen soll. Viele meinen, dass an erster Stelle der überlebende Ehegatte steht, denn meist haben beide gemeinsam das geschaffen, was es zu vererben gibt. Aber man kann natürlich auch anderer Meinung sein; zudem kann das Vermögen auch aus der Familie eines der Ehegatten stammen, sodass es legitim ist, dieses Vermögen dort zu belassen.

Eine weitere häufige Überlegung – abgesehen von steuerlichen Gesichtspunkten – ist: Wie kann ich am einfachsten Streit ausschließen? Ein Grund für Streit ist, wenn man es bei der vom Gesetz bei mehreren Erben vorgesehenen Erbengemeinschaft belässt – mit Alt und Jung, Kindern, die sich verstehen, und solchen, die sich schon im Sandkasten geprügelt haben. Oder womöglich nach heutigem Recht Streit mit einem nichtehelichen Kind des Erblassers. Auch diese Überlegung wird eher dazu führen, dem überlebenden Ehegatten den Nachlass allein zu überlassen.

Berliner Testament

Geht man von durchschnittlichen Verhältnissen aus (durchschnittlich auch in dem Sinn, dass die steuerlichen Freibeträge nicht oder nur geringfügig überschritten werden), so wird das „Berliner Testament" meist das Richtige sein. Dabei bedenken sich die Ehegatten erst einmal gegenseitig, die Kinder sind erst nach dem Tod des zuletzt Versterbenden „dran":

Muster 15 Berliner Testament, einfach

Wir setzen uns gegenseitig zu Alleinerben ein. Erben des zuletzt Versterbenden sind unsere Kinder zu gleichen Teilen.

Strafklauseln

Dabei darf natürlich nicht übersehen werden, dass die Kinder ein Pflichtteilsrecht haben – bei gesetzlichem Güterstand der Ehegatten steht ihnen gemeinsam ¼ des Nettonachlasses zu. Wenn sie das innerhalb von 3 Jahren geltend machen, muss der überlebende Ehegatte ihnen dieses Geld auszahlen und möglicherweise das Einfamilienhaus beleihen, wenn nicht genug Bargeld vorhanden ist.

Das Pflichtteilsrecht lässt sich nicht ausschließen – aber vielleicht kann man die Kinder dazu veranlassen, noch mal darüber nachzudenken, ob sie es wirklich fordern wollen? Dazu lässt sich eine „Strafklausel" einbauen:

Muster 16 Berliner Testament mit Strafklausel

Wir setzen uns gegenseitig zu Alleinerben ein. Erben des zuletzt Versterbenden sind unsere Kinder zu gleichen Teilen. Ein Kind, das nach dem Tode des zuerst Versterbenden gegen den Willen des Überlebenden seinen Pflichtteil fordert, ist jedoch auch nach dem Tod des zuletzt Versterbenden von der Erbfolge ausgeschlossen, ebenso wie seine Abkömmlinge, und erhält nur den Pflichtteil.

Das wäre ein „vollautomatischer" Ausschluss. Aber die Verhältnisse können sich ja ändern – vielleicht überlegt der überlebende Ehegatte sich die Sache noch einmal anders, weil zum Beispiel eines der Kinder verstirbt oder er/sie sich mit einem der Kinder zerstreitet. Vielleicht will man aus steuerlichen Gründen auch gerade, dass das Pflichtteilsrecht ausgeübt wird (mehr dazu ab Seite 69). Deshalb sollte man den Aus-schluss besser dem überlebenden Ehegatten überlassen:

Muster 17 **Berliner Testament mit optionaler Strafklausel**

Wir setzen uns gegenseitig zu Alleinerben ein. Erben des zuletzt Versterbenden sind unsere Kinder zu gleichen Teilen. Ein Kind, das nach dem Tode des zuerst Versterbenden seinen Pflichtteil fordert, kann durch den überlebenden Ehegatten von der Erbfolge nach dem zuletzt Versterbenden durch Verfügung von Todes wegen ausgeschlossen oder der Erbteil des Kindes kann zugunsten der anderen Kinder vermindert werden.

Der Überlebende will sich befreien

Angenommen, die überlebende Ehefrau erbt aufgrund des Berliner Testaments alles, die Kinder machen keine Pflichtteilsansprüche geltend. Nun heiratet sie erneut und überlegt, ob sie an der Erbfolge nachträglich etwas ändern kann.

Ja, das kann sie, denn mit dem neuen Ehemann und den adoptierten Kindern sind „neue" Pflichtteilsberechtigte aufgetaucht. Damit kann die Ehefrau – und nach ihrem Tod die übergangenen Pflichtteilsberechtigten – ihre frühere letztwillige Verfügung innerhalb Jahresfrist anfechten. Die Anfechtung führt zur Beseitigung ihrer eigenen Verfügungen, sodass sie wieder frei ist. Allerdings führt die Anfechtung natürlich auch zur Beseitigung der damit im Zusammenhang stehenden Verfügung des vorverstorbenen Ehemanns. Es tritt also hinsichtlich des ersten Erbfalls die gesetzliche Erbfolge ein; die Ehefrau erbt nun nur noch die Hälfte des Nachlasses, die Kinder aus erster Ehe erhalten nachträglich die andere Hälfte.

Manche Ehepartner reagieren darauf mit der Erklärung, es sei ihnen vollkommen egal, was nach ihrem Tod passiert. Manche mögen den Gedanken aber auch gar nicht. Was ist also zu tun?

Muster 18 Verzicht auf Anfechtung

Wir verzichten wechselseitig auf die Anfechtung unserer jeweiligen letztwilligen Verfügungen wegen der Übergehung eines Pflichtteilsberechtigten und nehmen diesen Verzicht jeweils an.

Dieselbe Regelung kann auch in einem gemeinschaftlichen Testament getroffen werden. Klar ist: Wenn das so geregelt wird oder wenn ohne diese Regelung der Erblasser oder der neue Pflichtteilsberechtigte nicht oder nicht fristgerecht anficht, so steht dem neuen Ehegatten oder den adoptierten Kindern natürlich ein Pflichtteilsrecht zu.

Erbausschlagung

Schließlich gibt es für den überlebenden Ehegatten noch eine Möglichkeit, sich vom Testament wieder zu lösen: nämlich die Ausschlagung. Hier nur so viel zu diesem komplexen Thema: Jeder durch Gesetz oder Testament berufene Erbe kann die Erbschaft ausschlagen, womit er aus der Erbfolge völlig ausscheidet – so als ob er den Erbfall nicht erlebt hätte. Natürlich wird man meist dann ausschlagen, wenn man befürchtet, dass der Erblasser im wesentlichen Schulden hinterlassen hat. Es gibt aber auch andere Konstellationen – ein Beispiel: Der Erbe selbst ist völlig überschuldet, und was er im Erbweg erhält, würde ohnehin nur seinen Gläubigern zugute kommen. Er könnte ausschlagen, sodass die Erbschaft zum Beispiel auf seine Kinder übergeht.

TIPP

Übrigens darf so ein überschuldeter Erbe die Ausschlagung erklären, ohne befürchten zu müssen, dass der Insolvenzverwalter oder die Gläubiger ihn daran hindern oder das Gesetz ihn dafür bestraft. Die Ausschlagung ist eine so persönliche Sache, dass Ihnen da niemand hineinreden darf.

Jedenfalls kann der überlebende Ehegatte durch eine notariell beglaubigte Erklärung – eine privatschriftliche Erklärung reicht nicht! – gegenüber dem Nachlassgericht innerhalb einer Frist von (normalerweise) 6 Wochen ab Kenntnis des Erbfalls und des Testaments die Erbschaft ausschlagen.

Muster 19 Ausschlagung

An das
Amtsgericht
- Nachlassgericht –
in Wetter/Ruhr

Ich bin die Witwe des am 5. Mai 2010 in Herdecke, seinem letzten Wohnsitz, verstorbenen Anton May.

Dieser hinterließ das privatschriftliche gemeinschaftliche Testament vom 21. Juni 1999, welches das Amtsgericht Wetter am 5. Juni 2010 eröffnete. Eine Abschrift wurde mir heute zugesandt. Durch das Testament bin ich zur Alleinerbin meines verstorbenen Ehemanns eingesetzt. Ich schlage hiermit die Erbschaft aus, soweit ich durch Testament zur Erbin eingesetzt bin.

Einziger gesetzlicher Erbe bin ich; diese Erbenstellung wird nicht ausgeschlagen.

Herdecke, den 12. Juni 2010

Ursula May

Mit dieser Ausschlagung wird die Ehefrau gleichwohl alleinige Erbin, da es nach der Konstellation des Musters außer ihr keine gesetzlichen Erben gibt (gäbe es Kinder oder Enkel, würde das Erbrecht natürlich eingeschränkt). Sie wird frei, ihre bisherige Verfügung zu widerrufen und damit ihre eigene letztwillige Verfügung neu zu treffen. Allerdings meinen manche Juristen, so einfach könne man sich doch nicht aus einem gemeinschaftlichen Testament lösen, da müsse man schon auch den gesetzlichen Erbteil ausschlagen (also im Fall des Ehegatten sich mit dem Pflichtteil zuzüglich des Zugewinnausgleichs begnügen). Wenn es bei Ihnen darauf ankommen sollte, müssen Sie sich unbedingt ausführlich mit einem Rechtsanwalt beraten!

Und was kann man gegen eine Ausschlagung tun?

Muster 20 Ausschlagung wird bestraft

Wir verzichten wechselseitig auf die Anfechtung unserer jeweiligen letztwilligen Verfügungen wegen der Übergehung eines Pflichtteilsberechtigten und nehmen diesen Verzicht jeweils an.

Sollte der überlebende Ehegatte die Erbschaft ausschlagen, so wird er nicht gesetzlicher Erbe beziehungsweise Miterbe.

In der notariellen Praxis kommt das allerdings so gut wie nie vor – aus zwei Gründen: Wer ein gemeinschaftliches Testament oder einen Erbvertrag beurkundet, wird normalerweise davon einen Vorteil haben und will sich deshalb an das Vereinbarte halten. Zum anderen: Sollte die Sachlage bei Eintritt des Erbfalls anders aussehen, als bei der Errichtung des Testaments oder Erbvertrags vorausgesetzt, dann sollte auch das Instrumentarium des Gesetzes genutzt werden können.

Im Übrigen ist das Thema „Ausschlagung und dennoch den gesetzlichen Erbteil verlangen" in den rechtlichen Details ausgesprochen schwierig – wenn nämlich nach dem Testament klar ist, dass die gesetzliche Erbfolge ganz ausgeschlossen werden soll (indem zum Beispiel Ersatzerben benannt sind oder speziell der Fall der Ausschlagung geregelt wird), dann bekommt der Ausschlagende keineswegs seinen gesetzlichen Erbteil. Der Weg zum Anwalt ist in solchen Fällen zwingend, denn der Notar schuldet nicht unbedingt nähere Aufklärung, wenn er lediglich die Ausschlagungserklärung für ein paar Euro beglaubigt.

Sie wollen die Freibeträge ausnutzen

Das Berliner Testament ist die Lösung für den „Normalfall", insbesondere wenn das Vermögen unterhalb der steuerlichen Freibeträge für den Ehegatten liegt – und beim Tod des Überlebenden auch unterhalb der Freibeträge der Kinder.

Wenn Sie sehen, dass die Freibeträge überschritten werden könnten, der Überlebende aber das Vermögen gleichwohl im Wesentlichen bekommen soll, gibt es mehrere Möglichkeiten. Die erste ist, das einfach der Zukunft zu überlassen:

Die Kinder könnten nach dem Tod des zuerst Versterbenden ihren Pflichtteil verlangen, womit der zu versteuernde Nachlasswert um ¼ herabgesetzt werden würde. Wollen Sie erreichen, dass die Kinder den Pflichtteil nur nach Verabredung mit dem Überlebenden beanspruchen, bleibt es bei der Strafklausel wie im Muster 16. Zwischen der Witwe oder dem Witwer und ihren/seinen Kindern wird dann eine Vereinbarung getroffen, die sicherstellt, dass die Kinder Schlusserben bleiben, auch wenn sie den Pflichtteil verlangen. Darüber hinaus gibt es eine zweite, recht simple Möglichkeit:

Muster 21 Vermächtnis = Freibetrag

Ich setze meine Ehefrau zu meiner alleinigen Erbin ein. Meinen beiden Kindern setze ich als Vermächtnis je einen Betrag aus, der ihrem jeweiligen Erbschaftsteuerfreibetrag entspricht. Die Vermächtnisse dürfen zusammengerechnet nicht mehr als die Hälfte des reinen Nachlasswertes ausmachen, sonst sind sie anteilig zu kürzen.

Bei höheren Beträgen kann es allerdings günstiger sein, mehr als den Freibetrag zu nehmen. Eine dritte Möglichkeit ist, dass der überlebende Ehegatte nach dem Tod des anderen dessen Nachlass nach Verabredung mit den Kindern ausschlägt, etwa gegen Gewährung eines Nießbrauchs. Es muss eben sorgfältig gerechnet werden.

■ Freibeträge ausnutzen, aber …

Diese Lösungen setzen voraus, dass der überlebende Ehegatte selbst genug Vermögen oder Einkommen hat und deshalb auf den Nachlass nicht oder nur teilweise angewiesen ist. Ist das nicht so, wird es schwierig. Zum Beispiel: Einziger wesentlicher Vermögensgegenstand der Eheleute ist ein Mehrfamilienhaus, das vor Kurzem abgezahlt wurde und dessen Mietaufkommen den überlebenden

Ehegatten neben einer Rente versorgen sollte. Dann ist für die Auszahlung von Geldvermächtnissen praktisch kein Raum. Hier setzen nun die Überlegungen der Juristen an, ob man zwar das Vermächtnis anordnen, aber die tatsächliche Auszahlung auf den Tod des zweiten Ehegatten verschieben kann – der hätte also den Betrag zur Verfügung; gleichwohl wäre es eine abzusetzende Verbindlichkeit. Aber diese Gestaltung erkennt das Erbschaftsteuerrecht nicht an.

Einen zulässigen Umweg soll ein „Zweckvermächtnis" bieten, das gewissermaßen zwischen dem sofort fälligen, sicher steuerlich anzuerkennenden Vermächtnis liegt und dem beim Tod des zweiten Ehegatten fälligen, sicher nicht anzuerkennenden.

„Zwischen" bedeutet hier, dass der überlebende Ehegatte darüber bestimmt, wie hoch das Vermächtnis letztlich sein soll, wer von den Kindern in welcher Höhe daran beteiligt ist und wann es ausgezahlt wird. Für das folgende Beispiel wird unterstellt, dass der Ehemann im Wesentlichen Eigentümer des Familienvermögens ist:

Muster 22 Zweckvermächtnis für Freibeträge

Beim Tod des Ehemanns erhalten unsere gemeinsamen Kinder, ersatzweise deren Abkömmlinge, ein Vermächtnis, und zwar einen Geldbetrag oder sonstigen Vermögensvorteil, dessen Zweck es ist, unseren Kindern die vollständige oder teilweise Ausnutzung ihrer erbschaftsteuerlichen Freibeträge zu ermöglichen.

Die überlebende Ehefrau bestimmt, welche Leistung zu welchen Bedingungen und zu welchem Zeitpunkt zu erbringen ist. Dabei sind einerseits die vorgenannten Freibeträge zu berücksichtigen, andererseits das Interesse der Ehefrau an einer ordnungsgemäßen Versorgung. Die Ehefrau bestimmt insbesondere auch die Zeit der Erfüllung und wer aus dem Kreis der Kinder das Vermächtnis erhalten soll sowie die jeweiligen Anteile am Vermächtnis.

Verlangt ein Kind seinen Pflichtteil, so gehört es von vornherein nicht zum Kreis der Vermächtnisempfänger.

Solche Regelungen werden am besten in Übereinstimmung mit den Kindern in einem Erbvertrag getroffen. Zivilrechtlich ist dieses Zweckvermächtnis unangreifbar. Ob es steuerlich so anerkannt wird? Nun, manche Dinge regelt man nach dem Motto: „Wenn es so durchgeht, wunderbar; und wenn es nicht so durchgeht, haben wir es jedenfalls versucht und nichts verloren." Empfehlenswert wäre aber sicherlich, dass der überlebende Ehegatte die Bestimmung möglichst rasch trifft und der Zahlungszeitpunkt nicht zu weit in der Zukunft liegt.

Einheitslösung – Trennungslösung

Diese beiden Stichworte werden Sie häufig in Ratgebern zu Testamenten finden und so mögen sie auch hier erwähnt sein, obwohl sie eigentlich – wie viele juristische Schlagwörter – nicht viel zur Sache beitragen.

Was in diesem und im vorigen Kapitel behandelt wurde, ist die „Einheitslösung" – der Nachlass des zuerst Versterbenden geht vollständig auf den Überlebenden über und von diesem gehen sein eigenes und das ererbte Vermögen einheitlich auf den Schlusserben über. Diese Lösung ist im Normalfall – Eheleute, Kinder, Vermögen unterhalb der Ehegatten-Freibeträge oder jedenfalls nicht wesentlich darüber, Versorgung des Überlebenden aus dem ererbten Vermögen nötig – richtig, eventuell mit Modifikationen, wie hier schon vorgeschlagen.

Die „Trennungslösung" dagegen lässt das Vermögen des zuerst Verstorbenen getrennt vom Vermögen des Überlebenden. Der Überlebende hat meist nur Nutzungsrechte daran und mit dessen Tod (oder auch schon früher, zum Beispiel bei einer Wiederverheiratung) geht es auf die Schlusserben über. Diese erhalten mit dem Tod des Überlebenden auch dessen Vermögen – oder auch nicht, denn das Vermögen des Überlebenden kann auch an Dritte fallen. Auf diese Trennungslösung gehen wir im Abschnitt „Ihr Partner soll zwar erben, aber nicht so richtig" (siehe Seite 80) ein.

Sie wollen nicht ewig gebunden sein

Es ist eigentlich der „Witz" des Berliner Testaments, dass derjenige, der zuerst verstirbt, sozusagen erbrechtlich beruhigt die Augen schließen kann, weil die Nachfolge vollständig geregelt ist. Der Haken dabei aber ist: Im Augenblick des Todes ist das Testament endgültig verbindlich und kann nicht mehr geändert werden, abgesehen von der Anfechtung wegen Übergehung eines Pflichtteilsberechtigten (was auch für den Anfechtenden sehr einschneidende Folgen hat).

Die Kinder, vielleicht ohnehin ärgerlich, weil sie nichts aus dem Nachlass bekommen, trauen sich andererseits nicht, ihren Pflichtteil zu verlangen, kümmern sich aber fortan nicht mehr um die Mutter oder den Vater – ihr Erbteil ist ihnen ja gewiss. Oder: Die Eltern haben eine Tochter von der Erbfolge ausgeschlossen, weil sie – nach elterlicher Meinung – mit einem Verschwender verheiratet ist. Beim Tod des Vaters oder der Mutter ist die Ehe aber längst geschieden. Oder: Die Mutter möchte gern im Laufe der Zeit noch über ihren Schmuck bestimmen, ohne ihn schon zu Lebzeiten aus der Hand zu geben; der Vater möchte seine bedeutende Bibliothek einer Institution zuwenden.

Eine Möglichkeit, dieses Dilemma zu lösen, ist die völlige Freistellung des Überlebenden. Dann ist die im Berliner Testament getroffene Regelung nur eine vorsorgliche Ersatzlösung für den Fall, dass der Überlebende keine eigene Regelung trifft:

Muster 23 Gemeinschaftliches Testament – freie Verfügung

Wir setzen uns gegenseitig zu Alleinerben ein. Schlusserben beim Tod des Längstlebenden sind unsere Kinder ... zu gleichen Teilen.

Der Überlebende soll jedoch in seiner Verfügungsbefugnis über das eigene und das ererbte Vermögen auch von Todes wegen vollständig frei sein.

Eine solche Regelung wird die Kinder ziemlich sicher dazu verleiten, doch lieber gleich ihren Pflichtteil zu verlangen – ob nun mit oder ohne Strafklausel –, denn sie können nie sicher sein, dass sie beim Tod des Überlebenden mehr als den Pflichtteil bekommen. Doch ganz so weit werden die meisten in ihrem Testament ohnehin nicht gehen wollen. Aber auch dafür gibt es eine Lösung:

Muster 24 Gemeinschaftliches Testament – teilweise freie Verfügung

Wir setzen uns gegenseitig zu Alleinerben ein. Schlusserben beim Tod des Längstlebenden sind unsere Kinder Hans und Gertrud zu je einem Drittel sowie die Kinder unserer Tochter Marianne zu einem weiteren Drittel.

Wir behalten uns beiderseitig jedoch vor, über bestimmte Vermögensgegenstände jetzt oder auch nach dem Tod des Ersten von uns vermächtnisweise anders zu verfügen, und zwar: der Ehemann hinsichtlich seiner Bibliothek (alle Bücher, die sich im Hause befinden, stehen im Eigentum des Ehemanns), die Ehefrau hinsichtlich ihres gesamten Schmucks.

Der Überlebende ist außerdem dazu berechtigt, nach dem Tod des Ersten von uns durch Testament oder Erbvertrag die Erbteile anders festzulegen, auch anstelle unserer Enkelkinder wieder unsere Tochter Marianne zur Erbin einzusetzen.

Sie wollen Kinder aus erster Ehe kurzhalten

Nehmen wir an, Sie haben eine geschiedene Ehe hinter sich, aus der Sie zwei Kinder haben, und Sie leben in einer zweiten Ehe, in der noch ein Kind geboren wurde. Sie haben keinen Ehevertrag geschlossen. Für Ihren jetzigen Ehegatten ist es die erste Ehe, weitere Kinder hat er nicht. Die gesetzliche Erbfolge ist klar: Wenn Sie als Erste(r) versterben, bekommt Ihr geschiedener Ehegatte gar nichts, die beiden Kinder aus der ersten Ehe und das Kind aus der zweiten Ehe erben zusammen ½, also je ⅙, und der jetzige Ehegatte bekommt die andere Hälfte. (Hätten Sie Gütertrennung vereinbart, so würde Ihr Ehegatte sogar nur ¼ erhalten, während die drei Kinder sich die übrigen ¾ des Nachlasses teilten!) Stirbt Ihr jetziger Ehegatte nach Ihnen, so wird er/sie nur vom Kind aus der zweiten Ehe beerbt, denn die Kinder aus erster Ehe sind ja mit diesem Ehegatten nicht verwandt.

Wenn nun die Kinder aus der ersten Ehe den Kontakt mit Ihnen strikt ablehnen, werden Sie vielleicht überlegen, wie Sie sie möglichst kurzhalten können:

Muster 25 Enterbung

Ich setze meine Ehefrau Monika zu meiner alleinigen Erbin ein. Meine Kinder – aus meiner ersten Ehe Dennis, geb. 4.1.1999, und Nadine, geb. 5.3.2001, und aus meiner zweiten Ehe Eva, geb. 5.8.2007 – setze ich auf den Pflichtteil. Ersatzerbin für meine Frau ist meine Tochter Eva allein.

Bremen, den 25.2.2010

Willi Kellermann

Mehr ist mittels Testament nicht zu machen, denn der Pflichtteilsanspruch kann den Kindern nur selten entzogen werden (siehe Abschnitt „Sie wollen den Pflichtteil entziehen" ab Seite 96).

Was Sie sonst noch tun können, bewegt sich im Rahmen der Rechtsgeschäfte unter Lebenden: Sie dürfen natürlich Ihr Haus oder Teile Ihres Vermögens dem Kind aus der zweiten Ehe schenken (und sich fest vornehmen, die Schenkung 10 Jahre zu überleben, denn sonst bekommen die Kinder aus erster Ehe doch noch ihren Anteil (siehe Seite 18).

Ein Problem ist, dass eine Schenkung an den neuen Ehegatten nichts bringt, weil der Ausgleich an den Pflichtteilsberechtigten ohne Rücksicht auf den Zeitablauf fällig wird. Legaler Trick: mit dem Ehegatten den seltenen Güterstand der Gütergemeinschaft zu vereinbaren. Dann gehört Ihrem Ehegatten durch den Ehevertrag automatisch die Hälfte Ihres Vermögens und die Kinder bekommen ihren Pflichtteil nur aus der anderen Hälfte – die Gütergemeinschaft ist nämlich keine Schenkung. Das Finanzamt verlangt aber dennoch Schenkungsteuer (dafür fällt bei Ihrem Tod dann keine Erbschaftsteuer aus dieser Hälfte mehr an). Aber natürlich gibt es auch einen Nachteil: Wenn Ihre Ehe scheitert, verbleibt Ihrem Ehegatten die Vermögenshälfte (und alles, was inzwischen dazuerworben wurde). Ein solcher Vertrag – der notariell beurkundet werden muss – könnte beispielsweise so aussehen:

Muster 26 Gütergemeinschaft

Vor mir, dem Notar ..., erschienen heute: Herr Willi Kellermann, wohnhaft ..., und dessen Ehefrau, Frau Monika Kellermann geb. Droste, ebendort. Die Erschienenen erklärten den folgenden Ehe- und Erbvertrag:

Wir sind Deutsche. Wir haben am 5.12.2006 in Bremen die Ehe geschlossen. Der Ehemann hat aus einer geschiedenen Ehe die Kinder Dennis, geb. 4.1.1999, und Nadine, geb. 5.3.2001. Wir haben aus unserer gemeinsamen Ehe die Tochter Eva, geb. 5.8.2007. Für unsere Ehe gilt bisher der gesetzliche Güterstand.

Wir schließen folgenden Ehevertrag: Wir vereinbaren ab sofort den Güterstand der Gütergemeinschaft. Unser gesamtes jeweils vorhandenes Vermögen wird Gesamtgut. Die Verwaltung des Gesamtguts nehmen wir gemeinschaftlich vor.

Wir schließen folgenden Erbvertrag: Wir setzen uns gegenseitig zu Alleinerben ein. Die Kinder haben demgemäß nur Pflichtteilsansprüche. Erben des zuletzt Versterbenden sind nur unsere gemeinsamen ehelichen Kinder, derzeit also unsere Tochter Eva allein.

Nehmen wir an, der Ehemann in diesem Beispiel hat rund 1 Million Euro auf der Bank (zur Vereinfachung denken wir nicht an Grundstücke oder einen Betrieb), die Frau hat praktisch kein Vermögen. Dann sind beide ab Unterzeichnung des Vertrags zu je ½ Inhaber des Vermögens. Für die beiden Kinder aus der ersten Ehe des Mannes bedeutet das, dass ihr Pflichtteil sich beim Tod ihres Vaters auf 41.666 Euro halbiert hat (im Gegensatz zu 83.333 Euro vor dem Vertrag). Allerdings muss die Ehefrau nach Vertragsschluss Schenkungsteuer bezahlen; in unserem Beispiel fällt jedoch wegen des Freibetrags von 500.000 Euro keine Steuer an.

Übrigens lässt sich auch durch die „umgekehrte" Vereinbarung, nämlich die Gütertrennung, eine Minderung der Pflichtteilsansprüche erreichen – wenn der Ehemann einen erheblichen Zugewinn während der bestehenden Ehe erzielt hat. Denn dann fällt ein Zugewinnausgleichsanspruch durch die Gütertrennung an, dessen Befriedigung keine Schenkung ist und deshalb dem Pflichtteilsberechtigten einen Teil des sonst zur Verfügung stehenden Vermögens nimmt. Die Übertragung eines Grundstücks gegen Zahlung einer dem Wert entsprechenden Leibrente kann ebenfalls den Pflichtteilsanspruch mindern.

Noch eine weitere Möglichkeit: Es gibt viele Staaten, die kein Pflichtteilsrecht kennen. Wenn dieser Staat außerdem auf Immobilien sein eigenes Erbrecht anwendet und nicht das Heimatrecht des deutschen Eigentümers (so zum Beispiel die meisten US-Staaten), gehen die Pflichtteilsberechtigten hinsichtlich dieses Grundbesitzes leer aus. Wie immer bei solchen Patentlösungen gibt es natürlich auch Risiken: Verlust des Grundstückswerts, Verlust durch ungünstigen Wechselkurs, möglicherweise höhere Erbschaftsteuern ...

Auch sollte der Fall bedacht werden, dass der andere Ehegatte zuerst verstirbt, wenn dieser über Vermögen verfügt. Denn wenn der überlebende Ehegatte erbt, haben seine Kinder aus erster Ehe Anspruch auf Beteiligung am gesamten Nachlass. Also sollte der Überlebende den Nachlass gar nicht erst bekommen – oder nur als Vorerbe.

Sie wollen die Kinder aus erster Ehe einbeziehen

Das schlechte Verhältnis zu Kindern aus erster Ehe haben wir weiter oben behandelt. Das muss natürlich nicht so sein; oft ist das Verhältnis zu den Kindern durchaus gut, besonders wenn sie bei der Trennung ihrer Eltern schon größer waren.

Nehmen wir an, Sie haben zwei Kinder aus erster Ehe, Ihr neuer Ehegatte hat ein Kind aus erster Ehe. Es gilt gesetzliches Güterrecht. Wenn Sie zuerst versterben, erbt Ihr Ehegatte kraft Gesetzes die Hälfte Ihres Nachlasses, die beiden Kinder aus erster Ehe je ¼, das Kind des Ehegatten bekommt natürlich nichts, denn es ist ja nicht mit Ihnen verwandt. Stirbt dann später Ihr Ehegatte, so erbt dessen Kind allein.

Wenn der Nachlass erst einmal dem überlebenden Ehegatten zufallen soll und bei dessen Tod – so wie das Vermögen dann noch vorhanden ist – den Kindern, könnte man sie aber auch wie eheliche Kinder behandeln:

Muster 27 Kinder aus verschiedenen Ehen nach Anteilen

Wir setzen uns gegenseitig zu Alleinerben ein.

Schlusserben des Überlebenden sind die Kinder des Ehemanns aus erster Ehe, Dennis, geb. 4.1.1999, und Nadine, geb. 5.3.2001, sowie der Sohn der Ehefrau aus deren erster Ehe, Paul Müller, geb. 15.12.1997, und zwar zu je einem Drittel.

Sollten wir noch eheliche Kinder haben, so erben auch diese; alle Kinder erben zu gleichen Teilen.

Ersatzerben für unsere Schlusserben sind deren jeweilige Abkömmlinge nach den Regeln der gesetzlichen Erbfolge. Sind solche nicht vorhanden, so fällt der Erbteil den anderen Schlusserben beziehungsweise deren jeweiligen Abkömmlingen zu.

Bremen, den 25.2.2010

Willi Kellermann

Dieses Testament entspricht auch meinem letzten Willen.

Bremen, den 25.2.2010

Monika Kellermann

Wenn hier und in vielen anderen Mustern von „Abkömmlingen" die Rede ist, so sollte man klarstellen, dass damit alle in Betracht kommenden Nachkommen gemeint sind – also auch das nichteheliche und das angenommene Kind. Wenn Sie das nicht wollen, gibt es selbstverständlich Möglichkeiten der Beschränkung, zum Beispiel: *„Ersatzerben für unsere Schlusserben sind deren jeweilige eheliche Abkömmlinge nach den Regeln der gesetzlichen Erbfolge."* Das würde nichteheliche Kinder ausschließen, aber adoptierte Kinder mit umfassen. Oder Sie formulieren: *„Ersatzerben für unsere Schlusserben sind deren jeweilige leibliche eheliche Abkömmlinge nach den Regeln der gesetzlichen Erbfolge."*

Diese Beschränkung würde sowohl nichteheliche als auch adoptierte Kinder ausschließen.

Zu den „Ersatzerben" sei daran erinnert, dass damit festgelegt wird, wer Erbe wird, wenn der eigentlich Berufene vor dem Erblasser verstirbt, das Erbe ausschlägt oder seine Erbeinsetzung angefochten wird, um die häufigsten Fälle zu nennen. Darüber sollte man sich immer Gedanken machen, wenn die familiären Verhältnisse nicht ganz unkompliziert sind. Zu Alarmrufen bei bisher fehlender Regelung ist allerdings auch kein Anlass. Denn normalerweise bleibt beim Vorversterben eines Familienmitglieds genügend Zeit, um eine neue Regelung zu treffen.

Im Muster 27 wurde davon ausgegangen, dass die beiderseitigen Kinder zu gleichen Teilen erben sollten, so als ob sie aus der zweiten Ehe stammten. Möglich ist natürlich auch, die Kinder „nach Stämmen" einzusetzen:

Muster 28 Kinder aus verschiedenen Ehen nach Stämmen

Wir setzen uns gegenseitig zu Alleinerben ein.

Schlusserben des Überlebenden sind die Kinder des Ehemanns aus erster Ehe, Dennis, geb. 4.1.1999, und Nadine, geb. 5.3.2001, sowie der Sohn der Ehefrau aus deren erster Ehe, Paul Müller, geb. 15.12.1997. Dabei soll an die Kinder des Ehemanns die Hälfte des Nachlasses, an das Kind der Ehefrau die andere Hälfte als jeweils gemeinschaftlicher Erbteil fallen; die Abkömmlinge bilden unter sich jeweils einen Erbstamm und sind nach den Regeln der gesetzlichen Erbfolge eingesetzt. Sollten wir noch eheliche Kinder haben, bilden diese einen weiteren Erbstamm; sodann entfällt je ein Drittel des Nachlasses auf jeden Erbstamm. Ersatzerben für unsere Schlusserben sind deren jeweilige Abkömmlinge, sonst die Miterben innerhalb des Stamms, ersatzweise der oder die anderen Schlusserben.

Bremen, den 25.2.2010

Willi Kellermann

Dieses Testament entspricht auch meinem letzten Willen.

Bremen, den 25.2.2010

Monika Kellermann

Erbschaftsteuerlich gesehen ist es, daran sei vorsorglich erinnert, gleichgültig, ob es sich um Kinder oder Stiefkinder handelt.

Ihr Partner soll zwar erben, aber nicht so richtig

Es gibt verschiedene Konstellationen, in denen eine „Trennungslösung" (siehe Seite 72) den Beteiligten zweckmäßig erscheint, vielleicht auch objektiv zweckmäßig ist. Die am häufigsten gehörte Überlegung ist: „Nun geht mein ganzes Vermögen auf meinen Mann über. Die Kinder kriegen erst mal gar nichts.

Wenn ich mit 60 sterbe, ist mein Mann 62. Da wird ihn sich doch blitzschnell eine Neue angeln. Bestimmt eine, die 20 Jahre jünger ist. Und dann gibt's womöglich noch Kinder. Und wo bleiben dann unsere?"

Hier könnte man natürlich erst einmal auf die Regelungen zum Ausschluss der Anfechtung wegen Übergehung eines Pflichtteilsberechtigten und zum faktischen Ausschluss der Ausschlagung hinweisen (siehe Abschnitt „Sie sind verheiratet und haben Kinder" ab Seite 64). Wenn die oben zitierte Beispielfrau dennoch bei ihrem Unbehagen bleibt, könnte man ihr eine etwas komplizierte Vermächtnisregelung vorschlagen:

Muster 29 Wiederverheiratung = Vermächtnis

Ich setze meinen Ehemann Alexander Niemann, geb. 1.5.1957, zum Erben ein. Sollte er wieder heiraten, so hat er an unsere gemeinschaftlichen Abkömmlinge (so wie die gesetzliche Erbfolge bei meinem Ableben ausgesehen hätte) je ein Vermächtnis auszuzahlen, und zwar in Höhe des jeweiligen gesetzlichen Erbteils, in Geld umgerechnet, bezogen auf den Wert meines Nachlasses zum Zeitpunkt meines Ablebens. Die Vermächtnisse werden innerhalb von drei Monaten ab Wiederheirat fällig. Wenn ein Abkömmling seinen Pflichtteil erhalten hat, entfällt das Vermächtnis vollständig.

Hamburg, den 25.5.2010

Jutta Niemann

Diese letzwillige Verfügung ließe sich auch noch um ein bestimmtes Verfahren zur Festlegung der Werte wie beispielsweise Inventarerrichtung beim Todesfall oder Hinzuziehen eines Sachverständigen ergänzen.

■ Nacherbschaft

Wenn die Beispielfrau aber ihr ganzes Vermögen für die Kinder (oder wen auch immer) reservieren will, wäre an die Anordnung einer Nacherbschaft zu denken. Zur Erinnerung: Der Nacherbe ist der endgültige Erbe, auf den der

Nachlass – so sieht es unser Gesetz vor – im Nacherbfall unmittelbar vom Erblasser übergeht. Der Nachlass macht vorher sozusagen nur einen Umweg über den Vorerben, der ihn bis zum Nacherbfall zur Nutzung bekommt. Der Nacherbfall wird vom Erblasser im Testament definiert – das kann beispielsweise die Vollendung des 30. Lebensjahrs des Nacherben sein oder die Wiederverheiratung des Vorerben oder der Tod des Vorerben (siehe dazu auch den Abschnitt „Nachbarschaft" ab Seite 38).

Verstirbt der Vorerbe, fällt alles, was er geerbt hatte, an den Nacherben, so als ob dieser von vornherein Erbe gewesen wäre. Ein pflichtteilsberechtigter Verwandter des Vorerben bekommt also auch nichts von diesem Nachlass – nur vom Vermögen, das dem Vorerben von vornherein gehörte.

TIPP

Vor- und Nacherbfolge hören sich täuschend einfach an, werfen aber viele Probleme auf, die es nötig machen, sich mit einem Anwalt oder Notar zu beraten.

Muster 30 Nacherbschaft

Ich setze meinen Ehemann Alexander Niemann, geb. 1.5.1957, zum Erben ein. Er ist jedoch nur Vorerbe. Nacherbe ist unser Sohn Jürgen Niemann, geb. 12.12.1990.

Hamburg, den 25.5.2010

Jutta Niemann

Und wo ist in diesem Fall der Nacherbfall? Den regelt das Gesetz, wenn man nichts dazu sagt – er tritt mit dem Tod des Vorerben ein. Eine Ausschlagung durch den Ehemann ist hier nicht zu befürchten, denn dann erhält er nur seinen Pflichtteil und eventuell einen Zugewinnausgleich.

■ Befreiter Vorerbe

Wie leicht man hier Fehler machen kann (oder zumindest ungewollte Schwierigkeiten erzeugen), sehen Sie an folgendem Fall: *„Wir, die Eheleute Heinz und Edith Düring, setzen uns hiermit gegenseitig zu alleinigen Erben ein. Schlusserbe ist unser Sohn Hermann Düring. Dieser ist jedoch nur Vorerbe. Nacherben sind seine Kinder zu gleichen Teilen."*

Das sieht zunächst ganz unverdächtig aus. Beide Eheleute versterben. Nun will der inzwischen auch schon 75-jährige Sohn das Hausgrundstück verkaufen, das er von seinen Eltern geerbt hat. Als Vorerbe bedarf er zur Verfügung über das Grundstück aber der Zustimmung des Nacherben. Der Sohn hat eine Tochter; sie stimmt zu. Doch leider reicht das nicht. Denn der 75-jährige könnte ja theoretisch noch ein Kind zeugen oder ein Kind annehmen. Deshalb muss ein Pfleger für diese unbekannten Nacherben bestellt werden. Und selbst wenn der zustimmt, bedarf es wiederum der Zustimmung des Vormundschaftsgerichts. Diese Zustimmung wird aber nicht erteilt werden, da das dem Gericht (und wahrscheinlich auch dem Pfleger) viel zu riskant wäre. Faktisch haben also die Eltern durch ihr gut gemeintes Testament jegliche Möglichkeit der Verfügung über den Nachlass, selbst bei Einverständnis des Nacherben, verbaut. Deshalb besteht auch die Möglichkeit, den Vorerben von dieser und einer Reihe anderer Beschränkungen zu befreien:

Muster 31 Befreiter Vorerbe

Ich setze meinen Ehemann Alexander Niemann, geb. 1.5.1957, zum Erben ein. Er ist jedoch nur Vorerbe. Nacherbe ist unser Sohn Jürgen Niemann, geb. 12.12.1990. Der Vorerbe wird von allen gesetzlichen Beschränkungen des Vorerben im weitesten vom Gesetz gestatteten Ausmaß befreit.

Hamburg, den 25.5.2010

Jutta Niemann

Das ist vernünftig. Denn es bleibt natürlich dabei, dass der Vorerbe die Substanz nicht angreifen darf. Das Grundstück darf er zwar verkaufen, aber er muss den Kaufpreis, den er dafür bekommt, anlegen und darf nur die Zinsen kassieren.

■ Vor- und Nacherbschaft für ein Haus?

Bei der Nacherbschaft gilt wie für die Erbschaft allgemein, dass man sie für den ganzen Nachlass oder für eine Quote (zum Beispiel „zu ½") anordnen kann, aber nicht für bestimmte Nachlassgegenstände. Wer erreichen will, dass nur das aus der Familie des Ehemanns stammende Mehrfamilienhaus oder nur die aus der Familie der Frau stammende Gemäldesammlung der Nacherbschaft unterliegt, muss einen anderen Weg gehen:

Muster 32 Nacherbschaft mit Vorausvermächtnis

Verhandelt zu Berlin am 29. August 2010

Vor dem unterzeichnenden Notar Wilhelm Weber mit dem Amtssitz in Berlin erschienen heute:

Herr Hubertus Grossmann, geb. ..., sowie
dessen Ehefrau, Frau Gisberta Grossmann geb. Pinzer, geb. ...

Die Erschienenen ersuchten den Notar, der an ihrer Geschäftsfähigkeit keine Zweifel hatte, um die Beurkundung eines Erbvertrags und erklärten:

Wir sind Deutsche. Wir haben am 1.7.1999 in Berlin geheiratet. Wir haben keine Kinder. Wir setzen uns gegenseitig zu Alleinerben ein.

Der Ehemann wird jedoch hinsichtlich des Nachlasses der Ehefrau nur Vorerbe. Nacherbe und zugleich Schlusserbe ist die Stiftung Preußischer Kulturbesitz in Berlin. Dieser wird die Verpflichtung auferlegt, die aus Zeichnungen und Gemälden von Chodowiecki und Menzel bestehende Sammlung, die der Ehefrau allein gehört und aus ihrer Familie stammt, in ihre Sammlungen zu integrieren und im Rahmen des Möglichen auszustellen, wobei die Herkunft zu kennzeichnen ist.

Dem Ehemann wird als Vorausvermächtnis der gesamte übrige Nachlass der Ehefrau (also der Nachlass, ausgenommen die Gemäldesammlung) vermacht.

Unsere Verfügungen sind sämtlich vertragsgemäß.

Der Ehemann verzichtet auf einen etwaigen Pflichtteils- oder Pflichtteilsergänzungsanspruch. Die Ehefrau nimmt den Verzicht an.

Wir verzichten wechselseitig auf das Recht zur Anfechtung wegen Übergehung eines Pflichtteilsberechtigten und nehmen den Verzicht wechselseitig an.

vorgelesen – genehmigt – unterschrieben …

Dieser Erbvertrag führt, wenn die Frau zuerst versterben sollte, dazu, dass der überlebende Ehemann den gesamten Nachlass außer der Gemäldesammlung zur freien Verfügung erhält – die Sammlung jedoch lediglich als Vorerbe, also auch ohne Befreiung von den gesetzlichen Beschränkungen.

Steuerlich ist an dieser Verfahrensweise bei höheren Werten jede Kritik angebracht (denn der Mann muss dann ja den Wert der Gemäldesammlung versteuern). Da wäre es wohl eindeutig besser, die Gemäldesammlung dem endgültigen Empfänger zu schenken und mit ihm einen Leihvertrag zu vereinbaren.

■ Nießbrauch am Nachlass

Wenn – ähnlich wie im vorigen Beispiel – keine Änderungen der Erbfolge mehr zu erwarten sind (besonders also bei älteren Menschen) und das Vermögen so hoch ist, dass Erbschaftsteuer in beiden Erbfällen zu zahlen wäre, sollte man eine Lösung wählen, bei der die Erbschaftsteuer nur einmal anfällt. Mit einem Nießbrauch zum Beispiel können Sie das Vermögen auf die Kinder übertragen und trotzdem den Lebensunterhalt des Überlebenden sichern:

Muster 33 Nießbrauch am Nachlass

Wir setzen unsere Tochter und unseren Sohn jeweils zu Alleinerben ein. Jedoch setzen wir dem Überlebenden von uns als Vermächtnis den Nießbrauch am gesamten Nachlass des zuerst Versterbenden aus, mit der Maßgabe, dass die für unsere Kinder anfallende Erbschaftsteuer – unter Ausnutzung der Stundungsmöglichkeit hinsichtlich der auf den Nießbrauch entfallenden Steuer – dem Nachlass entnommen werden kann.

Wir ordnen Testamentsvollstreckung über den Nachlass des zuerst Versterbenden an, und zwar bis zum Tode des überlebenden Ehegatten. Testamentsvollstrecker ist der überlebende Ehegatte. Der Testamentsvollstrecker ist vom Verbot des Selbstkontrahierens (§ 181 BGB) befreit und darf Verbindlichkeiten für den Nachlass eingehen.

Wir verzichten wechselseitig auf die Anfechtung im Fall der Übergehung eines Pflichtteilsberechtigten und nehmen diesen Verzicht jeweils an.

In diesem Fall zahlen die Kinder Erbschaftsteuer auf den Nachlass des zuerst Versterbenden, während beim Tod des zweiten Ehegatten keinerlei Steuer mehr fällig wird. Der Nießbrauchswert wird nach der Neuregelung des Erbschaftsteuerrechts abgezogen.

Klar ist aber auch: Der Nachlass des zuerst Versterbenden ist „unrettbar“ bei den Kindern angelangt; auf die Substanz kann der Überlebende nicht mehr zugreifen. Das ist allerdings bei der Nacherbschaft auch nicht anders.

Allerhand Sonderfälle

Natürlich gibt es in Sachen Erbe eine ganze Reihe von Sonderfällen, die spezielle Anforderungen an das Errichten eines Testaments stellen. Damit Sie wissen, worauf Sie im jeweiligen Fall achten müssen, werden die häufigsten in diesem Abschnitt vorgestellt und erläutert.

Sie wollen sich verewigen

Wenn Sie einer gemeinnützigen Institution etwas vermachen oder sie als Erbin Ihres Vermögens einsetzen (siehe Muster 34), wird sie den Nachlass zu Geld machen, das mit den sonstigen Mitteln der Institution zusammenfließt und – natürlich für gemeinnützige Zwecke – ausgegeben wird. Es muss sogar ausgegeben werden, das verlangt nämlich das Finanzamt. Und wenn es weg ist, haben Sie zwar nach Ihrem Ableben eine gute Tat getan, aber es kann keine Rede davon sein, dass Sie sich in irgendeiner Weise verewigt haben.

Muster 34 Gemeinnütziger Verein

Ich setze den gemeinnützigen Verein zur Unterstützung des Kunstmuseums Altenburg e.V. zu meinem Erben ein.

Altenburg, den 18.6.2010

Bertolt Benn

Wenn der Verein gemeinnützig ist, fällt dabei keine Erbschaftsteuer an. Sie können mit folgender Formulierung auch zusätzlich einen anderen Erben einsetzen: *„Ich setze meinen Neffen Bernd Schmidt, geb. 25. März 1982, zu ¾ und den Tierschutzverein Groß-Filderstadt e.V. zu ¼ zu Erben ein."*

Ein wenig mag den Neffen trösten, dass ihn der Verlust eines Viertels der Erbschaft nicht in voller Höhe trifft. Nehmen wir an, Sie hinterlassen netto 400.000 Euro in bar. Dann zahlt Ihr Neffe auf seine 300.000 Euro Erbschaftsteuer in Höhe von 56.000 Euro (Steuerklasse II, Freibetrag von 20.000 Euro wird abgezogen, verbleiben 280.000 Euro zu versteuern, Steuersatz 20 Prozent). Der Verein zahlt nichts. Hätte der Neffe die volle Erbschaft bekommen, so hätte er 95.000 Euro an das Finanzamt zahlen müssen (400.000 Euro abzüglich Freibetrag von 20.000 Euro, Steuersatz 25 Prozent). Sie haben ihm also tatsächlich nicht 100.000, sondern „nur" 61.000 Euro „weggenommen".

Wenn Sie aber wollen, dass von Ihnen mehr bleibt als nur eine Zahl im Jahresabschluss des gemeinnützigen Vereins, gibt es beispielsweise folgende Möglichkeit, Ihren Namen mit einem bestimmten Gegenstand zu verbinden, den der Verein anschafft:

Muster 35 Auflage

In dankbarer Erinnerung an meine Schulzeit setze ich den Verein der ehemaligen Schüler des Stadtgymnasiums e.V. in Dortmund zu meinem alleinigen Erben ein. Ich verpflichte den Verein, aus den Mitteln meines Nachlasses je ein Porträt der seit 1945 amtierenden Direktoren der Schule in Öl anfertigen zu lassen, in einer Mindestgröße von 80 x 60 cm, und diese an geeigneter Stelle in der Schule aufzuhängen, wobei der Name und die Amtszeit des Direktors und mein Name als Stifter anzubringen sind. Reichen die Mittel nicht für alle aus, sind so viele Bilder anzufertigen, wie es möglich ist, in chronologischer Reihenfolge. Bleiben Mittel übrig, kann der Verein sie für seinen Haushalt verwenden.

Dortmund, den 25.3.2010

Gerd Saatmann

Denselben Zweck erfüllt natürlich auch ein entsprechendes Vermächtnis: *„Ich setze meine Tochter Anastasia zu meiner alleinigen Erbin ein. Ich vermache dem*

Verein der ehemaligen Schüler des Stadtgymnasiums e.V. in Dortmund einen Betrag von 40.000 Euro. Ich verpflichte den Verein, ... (Text wie in Muster 35).“

Sie könnten auch daran denken, Ihr Haus einer gemeinnützigen Institution zu vermachen, die es erhalten und für ihre Zwecke nutzen soll.

Muster 36 Haus für gemeinnützigen Zweck

Wir setzen uns gegenseitig zu Alleinerben ein. Nach dem Tod des zuletzt Versterbenden ist alleiniger Erbe der Deutsche Paritätische Wohlfahrtsverband, und zwar dessen Kreisverband Köln. Dieser darf unser Mehrfamilienhaus mit Ladenlokal in Köln-Porz, Bahnhofstr. 105, nicht verkaufen, sondern hat das Ladenlokal unverzüglich für eine Altenbegegnungsstätte unter unserem Namen umzubauen und diese selbst oder durch einen von ihm beauftragten Träger auf Dauer zu betreiben. Ist oder wird der Betrieb einer solchen Einrichtung auch unter Berücksichtigung öffentlicher Zuschüsse unwirtschaftlich, so darf das Haus auch für einen anderen gemeinnützigen Zweck benutzt werden.

Köln, den 21.8.2010

Hans Günther

Dieses Testament soll auch mein Testament sein.

Köln, den 21.8.2010

Käthe Günther

Der Verein muss diese Zuwendung natürlich nicht annehmen; es kann ja sein, dass er Ihre Auflage für abwegig hält. (Nimmt er die Erbschaft jedoch an, muss er auch die Auflage einhalten.) Wollen Sie diesbezüglich Klarheit haben, können Sie Testament und Auflage im Vorfeld mit dem Vereinsvorstand absprechen, vielleicht auch mit dem Verein einen notariellen Erbvertrag schließen (das wäre die sicherste Methode). Ansonsten ist zu überlegen, ob Sie die Dinge einfach ihren

Lauf nehmen lassen wollen (gesetzliche Erbfolge) oder einen Ersatz anordnen: *„Schlägt der Verein das Erbe (das Vermächtnis) aus, so setze ich stattdessen den Verein zur Rettung Schiffbrüchiger e.V. in Bremen als Erbe (Vermächtnisnehmer) ein."*

Wollen Sie Ihren Nachlass erhalten und mit Ihrem Namen verbinden, aber nicht extra eine eigene Stiftung gründen, weil Ihnen das zu mühsam ist oder der Betrag nicht reicht (siehe unten), so ist an eine Zustiftung zu denken. Das ist keine Spende. Hier erhält vielmehr eine gemeinnützige Stiftung von Ihnen Geld (das kann man natürlich auch „mit warmer Hand", zu Lebzeiten, tun!), um es dem Stiftungsvermögen zuzuschlagen. Das Nachlassvermögen darf also nicht ausgegeben werden, sondern nur die Erträge – beispielsweise die Miete eines Hauses, die Früchte eines Landguts, die Zinsen eines Kapitals. Das können Sie mit Ihrem Namen verbinden.

Muster 37 Zustiftung

Ich setze der Stiftung Zur alten Linde in Dortmund einen Betrag von 50.000 Euro als Vermächtnis aus. Der Betrag ist als Zustiftung zu behandeln und dem Stiftungsfonds „Soziale Zwecke" zuzuschreiben.

Dortmund, den 18.8.2010

Carl Metzmacher

Ab einem Kapital von mindestens 50.000 Euro können Sie auch eine eigene Stiftung ins Leben rufen. Das kann allerdings eine ziemlich komplizierte Angelegenheit sein, die je nach Umfang des Vermögens und der Zielrichtung des Stifters (Familienstiftung? Gemeinnützige Stiftung?) genaue Analysen und Überlegungen mit einem Notar und einem Steuerberater nötig macht.

Die Stiftung bedarf einer staatlichen Registrierung. Wollen Sie sicher sein, dass die Stiftung später auch „funktioniert", ist zu empfehlen, die Stiftung – wenn irgend finanziell möglich – schon zu Lebzeiten selbst zu errichten und sie dann zum Erben oder Miterben einzusetzen. Die gemeinnützige Stiftung ist von der Erbschaftsteuer befreit.

Aber die Stiftung kann auch durch eine letztwillige Verfügung errichtet werden. Dabei sollten Sie einen Testamentsvollstrecker einsetzen, der nach Ihrem Ableben dafür sorgt, dass die Stiftung ordnungsgemäß errichtet wird und die Übertragung des Vermögens erfolgt.

Muster 38 Errichtung einer Stiftung

Ich bin ledig und habe keine Abkömmlinge; meine Eltern leben nicht mehr.

Ich setze zu meiner alleinigen Erbin die noch zu errichtende „Guido-Baumert-Stiftung zur Förderung des Jugendaustauschs" ein. Ich ordne Testamentsvollstreckung an. Alleinige Aufgabe des Testamentsvollstreckers ist die Errichtung der Stiftung und die Übertragung des Nachlassvermögens auf diese. Die Benennung des Testamentsvollstreckers in gesonderter letztwilliger Verfügung behalte ich mir noch vor.

Die Stiftung soll folgende Satzung erhalten:

1. Die Stiftung führt den Namen „Guido-Baumert-Stiftung zur Förderung des Jugendaustauschs". Sie hat ihren Sitz in Detmold.

2. Zweck der Stiftung ist die ideelle und finanzielle Förderung des Jugendaustauschs mit dem Ausland, insbesondere mit osteuropäischen Staaten, indem deutsche Jugendliche dort sowie ausländische Jugendliche hier über eine kürzere oder längere Zeit in Familien untergebracht werden.

3. Die Stiftung soll außerdem verpflichtet sein, meine Bestattung durchzuführen und meine Grabstätte zu pflegen.

4. Die Stiftung verfolgt ausschließlich und unmittelbar gemeinnützige Zwecke im Sinne der Abgabenordnung. Die Mittel der Stiftung dürfen nur für ihre satzungsgemäßen Zwecke verwendet werden. Niemand darf durch unverhältnismäßige Vergütungen übermäßig begünstigt werden.

5. Die Stiftung kann ihrem Zweck auch dadurch nachkommen, dass sie mit anderen gemeinnützigen Organisationen zusammenarbeitet, insbesondere diesen Mittel zur Verfügung stellt.

6. Das Vermögen der Stiftung ist in seinem Wert möglichst ungeschmälert zu erhalten. Die Stiftung darf weitere Zuwendungen annehmen und dem Stiftungskapital zuführen. Rücklagen sind in angemessenem Umfang zu bilden.

7. Die Organe der Stiftung sind der Vorstand und der Beirat. Die Vorstands- und Beiratsmitglieder sind ehrenamtlich tätig, erhalten aber Ersatz ihrer Aufwendungen.

8. Der Vorstand besteht aus einem Vorsitzenden und einem stellvertretenden Vorsitzenden. Sie vertreten die Stiftung jeweils allein, der stellvertretende Vorsitzende jedoch nur, wenn der Vorsitzende verhindert ist. Der Vorstand kann sich eine Geschäftsordnung geben.

9. Der Vorstand wird vom Beirat auf die Dauer von 3 Jahren ernannt. Er bleibt bis zur Ernennung eines neuen Vorstands im Amt.

10. Der Beirat besteht aus drei Mitgliedern, die nicht dem Vorstand angehören dürfen. Der erste Beirat wird vom Testamentsvollstrecker auf die Dauer von 5 Jahren ernannt. Bei Ausscheiden eines Beiratsmitglieds und rechtzeitig zum Ablauf der Amtszeit werden Nachfolger durch die Beiratsmitglieder ernannt. Der Beirat wählt einen Vorsitzenden und einen stellvertretenden Vorsitzenden. Aufgabe des Beirats ist die Ernennung des Vorstands, die Überwachung der Geschäftsführung des Vorstands und der Übereinstimmung dieser Geschäftsführung mit dem Zweck der Stiftung. Der Beirat ist außerdem für Satzungsänderungen zuständig.

Selbstverständlich können Sie eine Stiftung auch als nicht gemeinnützige Stiftung errichten. So etwas kommt beispielsweise für ein Unternehmen in Betracht, das als solches dem Zugriff jedes künftigen Erben entzogen sein soll, gleichwohl seine Erträge an diese Erben ausschüttet und ihnen den Anspruch gibt, sich im Unternehmen zu betätigen. Bei einer Familienstiftung fällt allerdings Erbschaftsteuer an – und das alle 30 Jahre aufs Neue.

TIPP

Zum Thema „Wohltätigkeit“ lesen Sie bitte auch den Abschnitt „Das Haustier als Erbe?“ auf Seite 47 sowie die Muster 3 und 42.

Sie haben ein behindertes Kind

Wenn Sie ein behindertes Kind haben, das im Heim lebt oder jedenfalls besonderer Pflege bedarf, und Sozialhilfe in Anspruch nehmen, so muss Vermögen, das dem Kind gehört, natürlich für die dafür anfallenden Kosten eingesetzt werden – und zwar auch solches Vermögen, welches das Kind von Vater oder Mutter erbt – , mit Ausnahme eines geringen Freibetrags.

Wird das Kind enterbt, behält es seinen Pflichtteilsanspruch. Den kann und muss das Sozialamt auf sich „überleiten" und ihn dann gegen den überlebenden Elternteil oder den Schlusserben geltend machen. Auch von diesem Geld werden bis auf den Freibetrag die Kosten der Unterbringung und Pflege bestritten.

Was aber, wenn das Kind nun Erbe wird, jedoch nur zu einem Teil, der wenigstens dem Pflichtteil entspricht, dazu allerdings Nacherbschaft angeordnet wird, sodass das Kind (und damit das Sozialamt) nicht über das Vermögen als solches verfügen kann, sondern nur über die Erträge – die wiederum auch noch einem Testamentsvollstrecker überantwortet werden könnten?

Muster 39 Nacherbschaft, Testamentsvollstreckung

Wir, die Eheleute Gerhard und Brunhilde Gerdes, haben ein Kind, nämlich unseren Sohn Bastian, der von Geburt an behindert ist und sich in einem Heim in Pflege befindet.

Wenn einer von uns verstirbt, so sind Erben: der überlebende Ehegatte zu 73 Prozent und unser Sohn zu 27 Prozent.

Der überlebende Ehegatte wird von unserem Sohn allein beerbt.

Unser Sohn ist in beiden Erbfällen jedoch nur Vorerbe. Nacherbe ist im ersten Erbfall der überlebende Ehegatte, im zweiten Erbfall der Bruder des Ehemanns, Wilhelm Gerdes, beziehungsweise dessen Abkömmlinge nach den Regeln der gesetzlichen Erbfolge.

Ersatzerbe und Ersatznacherbe ist in allen Fällen der Bruder des Ehemanns beziehungsweise dessen Abkömmlinge, wie vorstehend festgelegt.

Hinsichtlich beider Erbfälle ordnen wir Testamentsvollstreckung an – bis zum Tod unseres Sohns. Für den ersten Erbfall ist die Aufgabe des Testamentsvollstreckers die angemessene, gerechte Aufteilung des Nachlasses. Außerdem ist der Testamentsvollstrecker Verwaltungsvollstrecker hinsichtlich des Erbteils unseres Sohns. Im zweiten Erbfall ist dies seine einzige Aufgabe.

Zum Testamentsvollstrecker im ersten Erbfall bestimmen wir den überlebenden Ehegatten. Dieser kann einen Nachfolger bestimmen. Tut er das nicht und kann oder will er das Amt nicht mehr ausüben, so wird der Testamentsvollstrecker vom Nachlassgericht ernannt. Das Gericht wird gebeten, vorwiegend eine solche Person zu ernennen, die sich mit den Problemen Behinderter auskennt.

Der Testamentsvollstecker im zweiten Erbfall soll vom Gericht ernannt werden, wie vorstehend festgelegt.

Aufgabe der Verwaltungsvollstreckung ist, das Nachlassvermögen für unseren Sohn zu erhalten und dessen Nutzungen für ihn zu ziehen. Der Testamentsvollstrecker ist gehalten, unserem Sohn in großzügiger Weise Wünsche zu erfüllen, die über das von der Einrichtung und dem Sozialhilfeträger geleistete Maß hinausgehen, insbesondere den Erwerb von Kleidung, die Finanzierung von Urlaubsreisen und ein höheres Taschengeld, so weit die Kosten nicht vom Sozialhilfeträger getragen werden.

Dieses Testament würde also dazu führen, dass das Nachlassvermögen nicht für die Kosten der Unterbringung herangezogen werden könnte.

Der Bundesgerichtshof hat festgestellt, dass ein solches „Behindertentestament" nicht gegen die guten Sitten verstößt. Aber wie immer bei solchen Lösungsvorschlägen gibt es einen Haken – denselben, den Sie aus dem Abschnitt „Sie sind ledig und haben Kinder" (siehe Seite 56 ff.) schon kennen: Ein Pflichtteilsberechtigter, dessen Erbe durch Anordnungen beschwert oder beschränkt ist, kann das Erbe ausschlagen und stattdessen den Pflichtteil ohne Beschwerungen verlangen. Im Fall des behinderten Kindes müsste darüber natürlich entschieden werden.

Kann nun das Sozialamt diese Entscheidung an sich ziehen? Nach der wohl „herrschenden Meinung" – so bezeichnen die Juristen die Mehrheitsmeinung ihrer Kollegen, ohne dass sich so recht ausmachen lässt, ob diese Meinung sich wirklich endgültig durchsetzt – kann das Sozialamt das nicht. Dann müsste darüber durch einen Ergänzungspfleger (wenn das Kind minderjährig ist) oder den Betreuer entschieden werden. Sie müssen die „Gesamtsituation" des Kindes in Rechnung stellen, nicht nur dessen finanzielle Interessen. Heißt das nun, dass der Betreuer auch an die Belastung der Allgemeinheit denken darf? Denn auf diese wälzen die Eltern ja die sonst aus dem Pflichtteil zu befriedigenden Kosten ab.

Kann oder muss der Betreuer also die Ausschlagung erklären und den Pflichtteil verlangen? Das ist unsicher. Das Muster ist deshalb unter dem oben schon einmal zitierten Motto zu verbuchen: „Funktioniert es, hat man sein Ziel erreicht. Funktioniert es nicht, so ist jedenfalls nichts verloren."

Testamentserrichtung durch Behinderte

Selbstverständlich können auch körperlich schwer behinderte Menschen ein Testament errichten. Wer allerdings selbst nicht schreiben kann, kann auch nicht eigenhändig testieren und muss schon deshalb zum Notar. Dieser wird, je nachdem, welche Behinderung ansonsten besteht (Blinde, Taube, Stumme) und vor allem welche Häufung von Behinderungen vorliegt, einen Zeugen hinzuziehen, entweder einen zweiten Notar, einen Gebärdensprachdolmetscher oder eine Person, die sich in anderer Weise mit dem Behinderten verständigen kann.

Sie wollen den Pflichtteil entziehen

Es ist fast unmöglich, einem Pflichtteilsberechtigten (Kinder, Ehegatte, Eltern) den Pflichtteil erfolgreich zu entziehen. Das geht nach dem per 1.1.2010 etwas vereinfachten Gesetz nur bei böswilliger Unterhaltspflichtverletzung oder wenn der Berechtigte dem Erblasser, dessen Ehegatten, einem Abkömmling oder einer dem Erblasser ähnlich nahestehenden Person nach dem Leben trachtet, sich eines Verbrechens oder schweren vorsätzlichen Vergehens gegen eine dieser Personen schuldig gemacht hat beziehungsweise „wegen einer vorsätzlichen Straftat zu einer Freiheitsstrafe von mindestens einem Jahr ohne Bewährung rechtskräftig verurteilt (ist) und die Teilhabe des Abkömmlings am Nachlass deshalb für den Erblasser unzumutbar ist. Gleiches gilt, wenn die Unterbringung in einem psychiatrischen Krankenhaus oder in einer Entziehungsanstalt wegen einer ähnlich schwerwiegenden vorsätzlichen Tat rechtskräftig angeordnet wird." Damit sind verschiedene von der Rechtsprechung entschiedene Fälle, wie Prostitution, gewerbsmäßiges Glücksspiel und fortgesetzter Ehebruch, die schon als Gründe für eine Entziehung angesehen wurden, ad acta gelegt.

Die Entziehung erfolgt in einer letztwilligen Verfügung, der Grund ist dabei anzugeben. Und auch wenn es nicht vorgeschrieben ist, empfiehlt es sich dennoch, entsprechende Dokumente beizufügen, die Ihre Aussagen belegen.

Muster 40 Pflichtteil entziehen

Ich bin verwitwet. Ich setze meinen Sohn Günther Gärtner in Dortmund zu meinem alleinigen Erben ein.

Ich habe noch einen Sohn, Hans-Joachim Gärtner, wohnhaft in Berlin. Diesem entziehe ich seinen Pflichtteil. Er ist wegen Verstoßes gegen das Betäubungsmittelgesetz vor zwei Jahren zu einer Freiheitsstrafe von vier Jahren verurteilt worden. Ich habe über Jahre versucht, ihn vom Drogenkonsum und Drogenhandel abzuhalten, aber er hat sich mir stets entzogen. Als seine Verfehlungen schließlich bekannt wurden, hat das einen erheblichen Schaden in meinem sozialen Umfeld angerichtet und mich in große Schwierigkeiten gebracht.

Duisburg, den 18. September 2010

Annette Gärtner

Das Bundesverfassungsgericht hatte im Jahr 2000 Zweifel an der Verfassungsmäßigkeit der starken Beschränkung der Pflichtteilsentziehung geäußert, hat diese Zweifel aber inzwischen wieder aufgegeben. Dennoch bleibt ungewiss, was aus der entsprechenden gesetzlichen Regelung in den nächsten Jahrzehnten wird. Wenn Sie also ernsthaft meinen, Grund zur Entziehung des Pflichtteils zu haben, sollten Sie eine entsprechende Regelung ins Testament aufnehmen – vielleicht wird Ihre Verfügung ja doch anerkannt.

Muster 41 Lebenspartnertestament, Pflichtteilsentziehung

Wir sind eingetragene Lebenspartner. Für unsere Partnerschaft gilt die Zugewinngemeinschaft. Keiner von uns hat ein Kind.

Wir setzen uns gegenseitig zu Erben ein.

Es lebt noch der Vater des Partners Hans Holbein, Joachim Holbein in Twistringen. Mein Vater hat mich, Hans Holbein, während meines Studiums aus dem Haus gewiesen, und zwar ausschließlich deshalb, weil er wegen meiner Homosexualität jede Brücke zu mir abbrechen wollte, und verbot auch meiner inzwischen verstorbenen Mutter jeden Umgang mit mir. Mein Vater hat mich außerdem, das weiß ich von ihm, enterbt. Mir ist bekannt, dass nach derzeitigem Recht diese Gründe nicht zu einer Entziehung ausreichen; dennoch entziehe ich meinem Vater den Pflichtteil.

München, den 5. Januar 2010

Hans Holbein

Dieses Testament soll auch für mich gelten.

München, den 5. Januar 2010

Michael Fruth

Übrigens können Sie als ein Erblasser schon zu Lebzeiten durch eine Klage feststellen lassen, ob die Entziehung des Pflichtteils wirksam ist oder nicht.

Sie haben einen Betrieb

Viele Hinweise und Muster in diesem Buch treffen sowohl für den „Normalverbraucher“ zu wie auch für Handwerker, Freiberufler oder Unternehmer, zu welcher Vermögens- oder Einkommensklasse diese auch gehören mögen (Unternehmensbesitz bedeutet nicht immer Wohlstand). Dennoch: Schwierige zivil-, gesellschafts- und steuerrechtliche Tatbestände, die sich beim Testament eines Betriebsinhabers und des Mitgesellschafters einer Firma ergeben können, nötigen meist dazu, sich an den Anwalt oder Steuerberater zu wenden. Wichtige Stichworte für Sie als Betriebsinhaber sind:

- Erbvertrag mit Rücktrittsvorbehalt (siehe Seite 30, 54)
- Teilungsanordnung oder Vorausvermächtnis zur Übertragung des Unternehmens an den Nachfolger (siehe Seite 58 f., 39)
- Vor- und Nacherbschaft oder Nießbrauch zur Sicherung des Partners (siehe Seite 38, 117 f.)
- Aussetzung einer Rente beziehungsweise anderer Ausgleichszahlungen oder Übertragung von Vermögensgegenständen an weichende Erben
- Verzicht auf etwaige Pflichtteilsansprüche (siehe Seite 108 ff.)
- Anordnung der Testamentsvollstreckung (siehe Seite 40)
- Vorwegübertragungen unter Lebenden ratsam (siehe Seite 112 ff.)

TIPP

Vielleicht ist auch über eine Adoption des künftigen Betriebsinhabers nachzudenken, wenn Sie selbst keine Kinder haben (vgl. Abschnitt „Sie sind Single“).

Muster 42 Vermächtnis für Arbeitnehmer

Ich setze den Arbeitnehmern meiner Firma ... ein Vermächtnis aus, und zwar bei ungekündigter Betriebszugehörigkeit (im Zeitpunkt meines Todes) von mindestens 10 Jahren 1.500 Euro, bei mindestens 3 Jahren 1.000 Euro und bei weniger als 3 Jahren und Auszubildenden 500 Euro.

Ihr Partner ist Ausländer

Wenn das Recht und seine Anwendung sonst schon schwierig sind: Noch bedeutend schwieriger wird es, wenn wir es mit ausländischem Recht zu tun bekommen. Das ist auch im Erbrecht so, denn internationale Regelungen gibt es bisher nur wenige. Dabei ist der Grundsatz eigentlich ganz einfach. Unser deutsches Recht sagt: Jeder wird nach seinem Heimatrecht beerbt – also unsere türkischen Mitbürger nach ihrem türkischen Erbrecht, Franzosen nach französischem Recht und so weiter. (Bei türkischen Staatsangehörigen gilt allerdings aufgrund eines Staatsvertrags mit Deutschland bei Grundstücken das Recht des Landes, in dem sich das Grundstück befindet.)

Die erste Komplikation dabei ist: Das Heimatrecht des Ausländers enthält natürlich ebenfalls Regeln darüber, welches Recht anzuwenden ist. Und das ist nicht unbedingt das Heimatrecht. Vielmehr können ausländische Rechte auch an den jeweiligen Wohnsitz anknüpfen oder – besonders häufig – für Immobilien an das Recht des Ortes, wo sich die Immobilie befindet. Ist Ihr Mann beispielsweise Franzose, der mit Ihnen hier in Deutschland lebt, ein Bankkonto in Bordeaux hat und Aktien, ein Auto und das Wohnhaus mit Ihnen zusammen hier in der Bundesrepublik, dann gilt aus der Sicht des französischen Staates deutsches Erbrecht für alles – und der deutsche Staat akzeptiert diese „Rückverweisung“. Ihr Mann wird also in beiden Staaten übereinstimmend nach deutschem Recht beerbt. Hat Ihr Mann allerdings ein Grundstück in Frankreich, so gilt dafür (und nur dafür) französisches Erbrecht. Das sieht in vielen Punkten ganz anders aus, insbesondere beim Erbrecht des Ehegatten.

Ein weiteres Problem ist die Form des Testaments. Fast überall auf der Welt wird zwar die am Ort der Testamentserrichtung gültige Form anerkannt. Aber in vielen Staaten gibt es keine gemeinschaftlichen Testamente und keine Erbverträge – und sie erkennen sie auch dann nicht an, wenn sie etwa in Deutschland geschlossen werden. (Dann kann auch aus deutscher Sicht das ganze gemeinschaftliche Testament unwirksam sein.) Zu diesen Ländern gehört Italien. Allerdings gestattet Italien es seinen außerhalb Italiens lebenden Staatsangehörigen inzwischen, ihre Erbfolge komplett dem Wohnsitzrecht zu unterstellen. Das deutsche Recht wiederum erlaubt es jedem Ausländer, für eine deutsche Immobilie durch eine letztwillige Verfügung die Anwendung des deutschen Erbrechts zu wählen.

Generell ist in Fällen, in denen einer der beiden Partner Ausländer ist – insbesondere wenn es sich um Partner in einer eingetragenen Lebenspartnerschaft handelt –, die Konsultation eines Anwalts oder Notars empfehlenswert, der sich im Heimatrecht des ausländischen Partners auskennt. (Solche Anwälte oder Notare in Deutschland benennen die Botschaften und Generalkonsulate – aber besser ist es, Juristen im Heimatland aufzusuchen.) Können Sie nicht mit absoluter Sicherheit feststellen, welches Recht und welche Formvorschriften gelten, so halten Sie die strengsten Vorschriften ein. Sie können zum Beispiel mit Ihrem italienischen Ehemann zwei getrennte, deshalb auf jeden Fall wirksame Testamente verfassen und gleichzeitig ein inhaltlich identisches gemeinschaftliches Testament errichten.

Muster 43 Testament eines Italieners, Rechtswahl

Ich, Luigi Befani, bin italienischer Staatsangehöriger. Ich habe meinen Wohnsitz seit 1973 in Gelsenkirchen und bin seit 1977 mit Marianne Biermann verheiratet, die Deutsche ist. Wir haben drei Kinder.

Ich wähle die Anwendung des deutschen Erbrechts auf mein gesamtes Vermögen, ob in Italien oder in Deutschland befindlich. Diese Rechtswahl erfolgt hinsichtlich meines in Deutschland gelegenen Grundstücks aufgrund des Art. 25 Abs. 2 EGBGB, hinsichtlich meines gesamten Vermögens aufgrund des Art. 46 Abs. 2 IPRG Italien.

Ich setze meine Ehefrau zu meiner alleinigen Erbin ein. Ersatzerben sind unsere Kinder zu gleichen Teilen.

Gelsenkirchen, den 15.2.2010

Luigi Befani

TIPP

Für Ausländer, die in Deutschland leben, hält dieses Buch verständlicherweise keine Muster bereit – aber immerhin einen Rat: Sie haben einen besonders guten Grund, ein notarielles Testament zu errichten, denn der Nachweis der Erbfolge nach ausländischem Recht ist häufig schwierig. Die Behörden im Heimatland sind oft wenig einsichtig, wenn es um die Anforderungen des deutschen Nachlassverfahrens geht. Das gilt besonders für Länder mit islamischem Recht.

Sie haben ein Haus im Ausland?

Ein Haus oder ein Wohnsitz im Ausland kann Sie – zumindest erbrechtlich gesehen – zum Ausländer machen. Denn wie im vorhergehenden Abschnitt schon festgestellt, richtet sich in einigen Staaten das Erbrecht nicht nach dem Heimatrecht, sondern nach dem Wohnsitz (zum Beispiel in England, Schottland, Dänemark, Norwegen, Schweiz), und viele Staaten gehen zwar vom Heimatrecht des Erblassers aus, aber nicht bei Immobilien, für die dann ihr eigenes Recht gilt.

Staat	**Erbrecht nach Staatsangehörigkeit**	**Erbrecht nach Wohnsitz**	**Immobilien nach Ortsrecht („Nachlassspaltung“)**	**Gemeinschaftliches Testament (gT), Erbvertrag (EV) anerkannt?**
Deutschland	Ja (außer bei Rechtswahl für Grundstücke)	Nein (außer bei Rückverweisung des anderen Staates)	Nein (außer bei Rückverweisung eines Ausländers)	Ja
Belgien	Nein	Ja	Ja	Nein
Dänemark	Nein	Ja	Nein	Ja
Florida/USA	Nein	Ja	Ja	Teilweise
Frankreich	Nein	Ja	Ja	Nein
Griechenland	Ja	Nein	Nein	Nein
Großbritannien	Nein	Ja	Ja	gT ja, EV nein
Irland	Nein	Ja	Ja	gT ja, EV nein
Italien	Ja (außer bei Rechtswahl)	Nein	Nein	Nein
Niederlande	Ja	Nein	Nein	Eigentlich nein; aber doch, wenn am Ort der Errichtung zulässig
Österreich	Ja (mit Besonderheiten im Verfahren)	Nein (mit Besonderheiten im Verfahren)	Nein	Ja (EV nur unter Eheleuten)
Schweiz	Nein	Ja (außer bei Rechtswahl)	Nein	gT nein, EV ja
Spanien	Ja	Nein	Nein	Ja (außer in einigen Provinzen)
Südafrika	Nein	Ja	Ja	gT ja, EV nein

Wenn Sie Vermögen oder gar Ihren Wohnsitz im Ausland haben, ist in allen Fällen anzuraten, sich im Ausland über die Erbrechtslage beraten zu lassen. Ganz besonders gilt das für solche Länder, in denen sich das Erbrecht nach dem Wohnsitz richtet. Für die Beratung kommen übrigens nicht nur Anwälte in Betracht, sondern auch die Auslandstöchter deutscher Banken.

Haben Sie eine Immobilie (zum Beispiel Ferienhaus, Ferienwohnung) in einem der Staaten, die ihr eigenes Erbrecht auf solche Immobilien anwenden, gilt derselbe dringende Rat. Denn dann müssen Sie erst einmal wissen, wie dieses Recht aussieht. In Frankreich beispielsweise erhält der überlebende Ehegatte neben Kindern nur eine Art Nießbrauch an einem Teil des Nachlasses. Andererseits gibt es immer wieder abweichende Gestaltungsmöglichkeiten – oft solche, die mit dem Güterstand in Zusammenhang stehen. So können Sie in Frankreich – unabhängig von Ihrem deutschen Güterstand! – den Güterstand der französischen „allgemeinen Gütergemeinschaft" notariell und mit staatlicher Registrierung vereinbaren, der dazu führt, dass der Anteil des verstorbenen Ehegatten am Grundstück ohne Weiteres direkt auf den überlebenden Ehegatten übergeht.

Und die Erbschaftsteuer? Der deutsche Fiskus besteuert jedenfalls das gesamte Vermögen eines Erblassers, wenn dieser seinen Wohnsitz in Deutschland hat, wobei sozusagen die bloße Andeutung eines Wohnsitzes schon ausreicht oder wenn ein in Deutschland ansässiger Erbe etwas erhält. Sicher wird auch der Staat, in dem Ihr Haus liegt, etwas haben wollen. Einzelheiten ergeben sich aus den nationalen Steuergesetzen und aus den mit einer Reihe von Staaten bestehenden Abkommen zur Vermeidung der Doppelbesteuerung. Auslandsimmobilien werden vom deutschen Fiskus nach dem „gemeinen Wert" besteuert.

TIPP

Hier wie in vielen Auslandsfällen gilt: Den Anwalt, Notar und Steuerberater vor Ort, der sich nicht jeden Tag mit solchen Dingen befasst, müssen Sie schon ziemlich bedrängen, um eine für Ihren Fall zutreffende Auskunft und Gestaltung zu erreichen. Eine Auskunft über die Rechtslage oder eine Empfehlung sollten Sie sich grundsätzlich schriftlich geben lassen. Und vielleicht lohnt es sich auch, unabhängig voneinander mindestens zwei Berater zu befragen ...

Vertrag

Regelungen, die Sie schon zu Lebzeiten treffen können oder sollten

Es kann gute Gründe geben, Vermögens- oder Besitzteile „mit warmer Hand" weiterzugeben oder die Erbfolge schon unter Lebenden zu regeln – beispielsweise eine Steuerersparnis, die finanzielle Ausstattung eines Kindes oder die Sicherung des Vermögens. Das ist dann zwar kein Testament, aber doch eine „Verfügung" von Todes wegen. Und auch wenn niemand gern über den eigenen Tod und die damit verbundenen Notwendigkeiten nachdenkt, gilt auch bei diesem Thema: Vieles lässt sich umso nüchterner und klarer regeln, je eher man sich damit befasst.

Unter Lebenden von Todes wegen

Das Thema „Schenkung zu Lebzeiten" wurde an anderer Stelle bereits kurz angesprochen (siehe Seite 31) und soll hier noch einmal vertieft werden. Doch zunächst ein paar Worte zum Gegenteil einer Schenkung: zum Verzicht. Ein Verzicht hängt oft mit einer Schenkung zusammen, besonders bei Schenkungsverträgen zwischen Eltern und einem Kind, bei denen die Geschwister auf Rechte am künftigen Nachlass verzichten.

Erb- und Pflichtteilsverzicht

Jeder kann auf Rechte verzichten, die ihm das Gesetz einräumt. So können Sie auch auf Ihr Erbrecht und Ihr Pflichtteilsrecht verzichten. Dazu reicht Ihre Unterschrift auf einem Blatt Papier aber nicht. Der Verzicht ist ein Vertrag zwischen dem Erblasser und dem möglichen Erben, der vom Notar beurkundet werden muss. Sonst ist die Vereinbarung unwirksam.

Muster 44 Erbverzichtsvertrag

Vor dem unterzeichnenden Notar Dr. Alphons Sohm mit dem Amtssitz in ...
erschienen heute:

die Eheleute Hans und Annegret Delée,
deren Sohn, Friedrich-Wilhelm Delée,
und schlossen den folgenden Erbverzicht:

Friedrich-Wilhelm Delée verzichtet hiermit auf sein gesetzliches Erbrecht einschließlich seines Pflichtteilsrechts sowohl hinsichtlich seines Vaters als auch seiner Mutter.

Der Verzicht erfolgt zugunsten der Schwester des Verzichtenden,
Frau Annerose Weiler geb. Delée, geb. am ....

Die Eheleute Hans und Annegret Delée nehmen jeweils den Verzicht an.

Die Kosten tragen die Eheleute Delée.

vorgelesen – genehmigt – unterschrieben ...

Eine Abfindung ist hier nicht gewollt. Der Verzicht bedeutet, dass der Sohn im Beispielfall vollständig mit seinen etwaigen Abkömmlingen aus der Erbfolge ausscheidet, so als habe er und seine Familie nie existiert. Würde die Schwester vor dem Anfall des Erbes sterben, so würde der Verzicht hinfällig. Natürlich können die Eltern jederzeit den Sohn testamentarisch wieder als Erben einsetzen; das wird durch den Verzicht nicht ausgeschlossen, es sei denn, die Tochter würde erbvertraglich und damit bindend als Erbin eingesetzt. Wenn es übrigens noch einen Bruder oder eine Schwester gäbe, könnte die Sache mit dem Verzicht problematisch werden, weil die Juristen sich darüber streiten, ob wirklich der volle Erbanteil, auf den verzichtet wurde, beim Begünstigten ankommt. Sicherer ist es auf jeden Fall, das dann noch einmal durch Testament der Eltern anzuordnen.

Zum Wegfall der Abkömmlinge des Verzichtenden kommt es nur, wenn nichts anderes festgelegt wird. Nehmen wir an, die Schwester im obigen Beispiel hätte aus ihrer letzten Ehe noch reichlich Schulden, so könnte sie darüber nachdenken, auf ihr Erbrecht nach den Eltern zu verzichten: „... *Annerose Weiler geb. Delée verzichtet hiermit auf ihr Erb- und Pflichtteilsrecht nach beiden Eltern, jedoch nur für sich selbst. Der Verzicht erstreckt sich demgemäß nicht auf ihre Abkömmlinge, insbesondere ihren Sohn Vicco Weiler* ..."

Sie können auch einen Verzicht erklären, der nur Ihren Pflichtteilsanspruch betrifft. Das gibt dem Erblasser die Möglichkeit, von Todes wegen nach Gutdünken zu verfügen, ohne Sie zu berücksichtigen. Denkbar wäre das vielleicht, wenn der Erblasser Ihnen dafür eine Abfindung zahlt.

Der Hauptfall eines Erbverzichts ist jedoch der Fall einer Einigung zwischen Erblasser und möglichen Erben, besonders bei der Unternehmensnachfolge (siehe auch Seite 99).

Muster 45 Schenkungs- und Erbvertrag

Vor dem unterzeichnenden Notar Dr. Alphons Sohm mit dem Amtssitz ... erschienen heute:

die Eheleute Hans und Annegret Delée,

deren Sohn, Friedrich-Wilhelm Delée,

deren Tochter, Annerose Weiler geb. Delée,

und erklärten:

1. Friedrich-Wilhelm Delée hat von seinem Vater Hans Delée eine Beteiligung von 25 Prozent an der Papierfabrik Delée GmbH geschenkt erhalten. Annerose Weiler erhielt die zum Erwerb des Einfamilienhauses Arndtstr. 23 in Bochum nötige Geldsumme ebenfalls von ihrem Vater.

2. Hans Delée überträgt hiermit seiner Ehefrau das Alleineigentum an dem Mehrfamilienhaus Kollwitzring 15 in Bochum unter Vorbehalt des lebenslangen hälftigen Nießbrauchs an diesem Hausgrundstück. (Es folgen Einzelheiten.)

3. Die Eheleute Delée setzen ihre beiden Kinder zu je ½ zu Erben ein.

4. Friedrich-Wilhelm Delée erhält beim Tod seines Vaters als Vorausvermächtnis, also ohne Ausgleichung, dessen Gesellschaftsanteil von 75 Prozent an der vorbezeichneten Gesellschaft mit den damit verbundenen Rechten und Pflichten, außerdem das in seinem Eigentum befindliche Betriebsgrundstück Hohwart 15, mit den Belastungen und ihnen zugrundeliegenden Darlehensverbindlichkeiten. Er übernimmt zugleich die Verpflichtung, an seine Mutter Annegret Delée auf Lebenszeit eine monatliche Rente von 3.000 Euro zu zahlen, beginnend mit dem dritten Monat nach dem Ableben seines Vaters, fällig am ersten Werktag jedes Monats und endend mit einer etwaigen Einstellung des Betriebs oder der Veräußerung der Gesellschaft oder des Unternehmens im Ganzen. Im Fall der Veräußerung hat Friedrich-Wilhelm Delée 25 Prozent des Nettoerlöses an seine Mutter zu zahlen.

5. Annerose Weiler erhält als Vorausvermächtnis das Mehrfamilienhaus Reihenstr. 120 in Bochum, mit den alsdann vorhandenen Belastungen. Soweit es sich dabei jedoch um die Absicherung von Betriebsmittelkrediten handelt, ist sie davon durch die Gesellschaft, ersatzweise durch Friedrich-Wilhelm Delée persönlich, freizustellen.

6. Annegret Delée, Annerose Weiler und Friedrich-Wilhelm Delée verzichten gegenüber Hans Delée auf jegliche Erb-, Pflichtteils- oder Pflichtteilsergänzungsansprüche, soweit solche Ansprüche nicht vorstehend erbvertraglich festgelegt sind.

7. Alle Verfügungen sind vertragsgemäß. Auf jegliche Anfechtung, insbesondere wegen Übergehung eines Pflichtteilsberechtigten, wird verzichtet.

vorgelesen – genehmigt – unterschrieben ...

Natürlich könnte eine ähnliche Regelung auch zwischen Tochter und Eltern allein getroffen werden, wenn der Vater sich gegenüber dem Sohn noch nicht endgültig festlegen will. Zu beachten ist nur, dass der Erb- und Pflichtteilsverzicht des einen Kindes ohne gleichzeitige Vereinbarung mit dem anderen Kind nichts nützt – er führt nur dazu, dass dieses andere Kind durch den Wegfall des Verzichtenden einen höheren Anspruch hat, weil das Viertel des Nachlasses, den beide Kinder vor dem Verzicht sich teilten, nun auf das Kind entfällt, das nicht verzichtet hat. Das Muster wäre steuerlich nach den wirklichen Vermögensgegenständen und den Familienverhältnissen zu überprüfen.

Vorweggenommene Erbfolge

Ein Grund, Vermögensteile nicht erst beim Tod, sondern schon zu Lebzeiten weiterzugeben, kann die Steuerersparnis sein. Schenken Sie beispielsweise Ihrem Ehegatten die Hälfte des von Ihnen selbst genutzten Einfamilienhauses, ist dies steuerfrei – auf den Freibetrag kommt es nicht einmal an. Andere Schenkungen bleiben steuerfrei, wenn sie innerhalb der Freibeträge liegen – und wenn Sie sich dazu „entschließen", die nächsten 10 Jahre zu überleben. Denn falls Sie innerhalb dieser Frist sterben sollten, werden Schenkung und Erbe zusammengerechnet. Sie können also sozusagen alle 10 Jahre etwas steuerfrei innerhalb der Freibeträge verschenken.

Weitere Gründe können sein: Ihr Kind will etwas in das Haus investieren, etwa eine zweite Wohnung einrichten oder das Dachgeschoss ausbauen. Sie sind Handwerksmeister und wollen Ihren Betrieb dem Sohn überlassen, damit er ihn fortführt. Der typische Fall im ländlichen Bereich war der „Altenteilsvertrag" – die Eltern überließen dem ältesten Sohn den Hof und zogen aufs Altenteil.

Wie beim Erstellen eines Testaments gilt auch hier: Erst kommt die Prüfung, ob die Schenkung sinnvoll ist und zur gesamten Vermögenslage der Familie und zum Verhältnis zwischen Schenker und Beschenktem passt. Dann erst sollten steuerliche Gründe erwogen werden. Ein Negativbeispiel: Stellen Sie sich nur einmal vor, dass Sie Ihr Einfamilienhaus mit Einliegerwohnung Ihrer Tochter und Ihrem Schwiegersohn überlassen und selbst in die Einliegerwohnung ziehen – dann stirbt Ihre Tochter völlig unerwartet bei einem Unfall und fortan sind Sie auf Gedeih und Verderb auf das Zusammenleben mit dem Schwiegersohn (und womöglich seiner nächsten Frau) angewiesen.

Einfache Schenkung

Simpel ist die Sache, wenn Sie nur ein Kind haben, dem Sie zum Beispiel ein Mietshaus schenken wollen. Natürlich muss das notariell beurkundet werden – auf die Einleitung der Urkunde verzichten wir hier:

Muster 46 Schenkungsvertrag, einfach

1. Wir, die Eheleute Rüdiger und Waltraud Schmidt, schenken hiermit im Wege der vorweggenommenen Erbfolge und unter Anrechnung auf dessen etwaige Pflichtteilsansprüche unserem einzigen Kind, unserem Sohn Werner Schmidt, unser Hausgrundstück Gemarkung Brackel Flur 2 Flurstück 966, Fürstenstr. 15, Gebäude- und Freiflächen zu 686 m², eingetragen im Grundbuch von Dortmund Blatt 45666.

2. Die Schenkung erfolgt so, wie das Hausgrundstück heute steht und liegt, unter Ausschluss jeglicher Haftung der Schenker, jedoch lastenfrei, soweit hier nicht ausdrücklich anders geregelt. Das Grundstück ist nur mit einer Wegedienstbarkeit belastet, die der Beschenkte übernimmt.

3. Die Übergabe gilt als mit dem 1. Juli 2010 erfolgt. Damit sind Besitz und Gefahr, Nutzungen und Lasten auf Herrn Werner Schmidt übergegangen.

4. Wir sind darüber einig, dass das Eigentum an dem in Ziffer 1 beschriebenen Grundstück auf Herrn Werner Schmidt allein übergeht, und bewilligen und beantragen seine Eintragung als Alleineigentümer im Grundbuch.

5. Die Kosten tragen die Eheleute Schmidt sen. Der Verkehrswert des Hausgrundstücks beträgt zirka 500.000 Euro.

6. (Belehrungen, Grundbucheinsicht, Hinweise, Vollmacht auf die Notariatsangestellten und so weiter)

Grunderwerbsteuer fällt bei reinen Schenkungen nicht an, auch nicht bei Übertragungen auf Kinder und Ehegatten. Schenkungsteuer fällt nicht an, wenn der steuerliche Wert sich im Rahmen des zweimaligen Kinderfreibetrags hält. Die Notar- und Gerichtskosten berechnen sich nicht nach dem niedrigeren Schenkungsteuerwert, sondern nach dem Verkehrswert – also dem Wert, den man bei einem Verkauf erzielen würde.

TIPP

Die vorweggenommene Erbfolge und die Anrechnung auf den Pflichtteil überhaupt zu erwähnen wäre im Grunde nicht einmal nötig – der Sohn wird ja sowieso Erbe. Aber Vorsicht: Würden sich die Eltern etwa mit ihrem Junior zerstreiten, könnte er beim Tod des zuerst versterbenden Elternteils seinen Pflichtteil ohne Rücksicht auf die schon erfolgte Schenkung verlangen.

■ Schenkung an eines von mehreren Kindern

Bei mehreren Kindern, zwischen denen die Eltern einigermaßen gerecht aufteilen wollen, stellt sich die Frage, ob und in welcher Höhe derjenige einen Ausgleich erbringen soll, dem die Eltern etwas schenken. Wollen Sie diese Ausgleichung zwischen den Kindern auf später, nämlich auf den Todesfall, verschieben, kann die Schenkung so aussehen wie im vorigen Beispiel – denn der bei der Schenkung bevorzugte Sohn muss im Erbfall seinen Geschwistern ohnehin einen Ausgleich bezahlen.

Allerdings beschränkt sich der Ausgleich auf das, was im Erbfall tatsächlich vorhanden ist. Wenn die Eltern ein Berliner Testament (siehe ab Seite 65) gemacht haben und es außer dem Sohn noch eine Tochter gibt, der Sohn durch die Schenkung das Hausgrundstück mit einem Wert von 500.000 Euro bekam und beim Tod des überlebenden Elternteils – mehr als 10 Jahre nach der Schenkung – ansonsten nur noch Geld und Gegenstände im Wert von 200.000 Euro vorhanden sind, so muss der Sohn 250.000 Euro ausgleichen. Da sein Erbteil ohne die Ausgleichung 100.000 Euro beträgt, bekommt er nichts mehr und seine Schwester kriegt die 200.000 Euro komplett. Aber der Wert des Hauses ist damit zwischen den Geschwistern keineswegs ausgeglichen. Also würde man doch wohl einen echten Ausgleich festlegen:

Muster 47 Schenkungsvertrag – Ausgleich mit Geschwistern

1.–5. Wie im vorigen Beispiel (aber nicht „unserem einzigen Kind")

6. Aus der Ehe der Eheleute Schmidt ist noch ein Kind, die Tochter Wanda Schmidt, hervorgegangen. Wir vereinbaren im Hinblick auf den Ausgleich der empfangenen Zuwendung, dass der Wert des Hausgrundstücks mit 500.000 Euro zum jetzigen Zeitpunkt festgelegt wird. Der auszugleichende Betrag ist unabhängig von der tatsächlichen Änderung des Wertes dadurch festgelegt, dass er mit der prozentualen Änderung des Lebenshaltungsindexes der Bundesrepublik Deutschland zwischen dem jetzigen Zeitpunkt und dem Erbfall steigt oder fällt. Der Ausgleich erfolgt jedoch erst mit dem Tod des zuletzt Versterbenden. Soweit der Ausgleich nicht durch Anrechnung auf den Erbteil vollständig erfolgen kann, verpflichtet sich Herr Werner Schmidt, den nicht ausgeglichenen Betrag an seine Schwester zu zahlen. Die vorstehende Verpflichtung ist auflösend bedingt durch die Erfüllung eines etwa von Frau Wanda Schmidt erhobenen Pflichtteilsanspruchs nach dem Tod des Erstversterbenden der Ehegatten, außerdem durch eine Herabsetzung des Erbteils des Herrn Werner Schmidt nach dem Tod des zuletzt Versterbenden auf weniger als die Hälfte.

Werner Schmidt bestellt seiner Schwester zur Sicherung des in Ziffer 6 festgelegten Anspruchs an dem in Ziffer 1 beschriebenen Grundstück eine Hypothek in Höhe von ... (Es folgen Bestimmungen zur Hypothek.)

Einfacher wäre es – wenn finanziell möglich –, den Ausgleich jetzt vorzunehmen: *„Werner Schmidt verpflichtet sich, an seine Schwester Wanda Schmidt zum Ausgleich der empfangenen Zuwendung innerhalb von 3 Monaten ab heute einen Betrag in Höhe von 250.000 Euro zu zahlen."*

Wohnungsrecht, Nießbrauch

Sie geben Ihr Zweifamilienhaus, das Sie und Ihr Sohn samt Familie bewohnen, dem Sohn. Dass Sie in Ihrer Wohnung bleiben, soll nicht nur vom guten Willen Ihres Sohns abhängigen, sondern im Grundbuch verbrieft werden. Alles, was mit Grundstücken, Eigentumswohnungen und Erbbaurechten zusammenhängt, sollte immer im Grundbuch stehen.

Muster 48 Übertragung mit Wohnungsrecht

Herr Werner Schmidt bestellt seinen Eltern als Gesamtberechtigten im Sinne des § 428 BGB auf die Lebenszeit des Längstlebenden von ihnen ein Wohnungsrecht an der gesamten Wohnung im Erdgeschoss, einschließlich des nordöstlichen Kellerraums und der Mitbenutzung der gemeinschaftlichen Einrichtungen und des Gartens.

Herr Werner Schmidt bewilligt und beantragt die Eintragung dieses Wohnungsrechts im Grundbuch Zug um Zug mit der Umschreibung des Eigentums auf ihn.

Das Wohnungsrecht berechtigt zur Benutzung der Wohnung, aber nicht dazu, die Wohnung zu vermieten. Kommen die Eltern also in ein Pflegeheim, so bleibt die Wohnung leer. Sollen die Eltern die gesamte Nutzungsmöglichkeit haben, auch vermieten können, so muss ein Nießbrauch bestellt werden.

Muster 49 Übertragung mit Nießbrauch

Herr Werner Schmidt bestellt seinen Eltern als Gesamtberechtigten im Sinne des § 428 BGB auf die Lebenszeit des Längstlebenden von ihnen den Nießbrauch an dem ihm übertragenen Hausgrundstück.

Er bewilligt und beantragt die Eintragung dieses Nießbrauchs im Grundbuch Zug um Zug mit der Umschreibung des Eigentums auf ihn.

Wichtig ist, dass das Recht im Grundbuch möglichst weit „vorn“ eingetragen wird. Geht ein Bankkredit vor – oft nicht zu vermeiden –, ist die ganze Sicherheit verloren, wenn die Bank das Haus versteigert, weil dabei alle nachrangigen Rechte aus dem Grundbuch „fliegen“.

Alles wieder zurück?

Schenkungen können nach dem Gesetz zurückgefordert werden, wenn der Beschenkte eine Auflage nicht erfüllt, der Schenker verarmt oder der Beschenkte sich des groben Undanks schuldig macht. Darüber hinaus kann man auch vertraglich ein Recht auf Rückforderung vereinbaren. Ob man das will, ist eher Geschmackssache. Beispiele: Der Beschenkte verstirbt vor dem Schenker (denken Sie an das Beispiel mit dem bösen Schwiegersohn), er macht Schulden und ein Gläubiger pfändet in das Haus, er verkauft das Grundstück ohne Wissen des Schenkers. Eigentlich müssen die beiden letzten Fälle den Schenker kaum berühren, denn wenn er im Grundbuch an erster Rangstelle steht (das allerdings ist nötig!), kann das Grundstück verkauft oder versteigert werden – sein Recht bleibt erhalten, niemand kann ihn hinauswerfen.

Muster 50 Schenkung mit Rückforderungsvorbehalt

Das Hausgrundstück ist an die Eheleute Schmidt zu je ½, im Fall des Todes eines von ihnen auf den Überlebenden allein zurückzuübertragen, wenn

a. Herr Werner Schmidt vor seinen Eltern verstirbt,

b. in das Vermögen des Herrn Werner Schmidt eine Zwangsvollstreckung vorgenommen und nicht innerhalb eines Monats wieder aufgehoben wird,

c. die Zwangsversteigerung oder -verwaltung des Grundstücks angeordnet wird,

d. das Grundstück ohne Einwilligung der Eheleute Schmidt verkauft oder mit Rechten Dritter belastet wird.

Das Recht auf Rückforderung ist zu Lebzeiten der Eheleute Schmidt von beiden gemeinsam, sonst vom Überlebenden innerhalb eines Monats ab Kenntnis eines der Vorgänge zu a. bis d. geltend zu machen. Das Hausgrundstück ist sodann in dem Zustand zurückzuübertragen, wie es sich im Zeitpunkt am Tag vor dem Eintritt des entsprechenden Vorgangs befand.

Zur Sicherung des aufschiebend bedingten Anspruchs der Eheleute Schmidt auf Rückübertragung des Grundstücks bewilligt Herr Werner Schmidt und beantragen seine Eltern, auf dem in Ziffer … beschriebenen Grundstück je eine Auflassungsvormerkung für jeden der Eheleute Schmidt einzutragen, Zug um Zug mit der Umschreibung auf Herrn Werner Schmidt.

Die Eheleute Schmidt sind verpflichtet, mit der Vormerkung im Rang hinter einem Grundpfandrecht zurückzutreten, das zur Sicherung eines Kredits ausschließlich für Hausausbau- oder -reparaturarbeiten dient.

■ Schenkung unter Lebenden auf den Todesfall

Auch hierzu ein Beispiel: Die Großmutter will ihrem Enkel ein Sparbuch schenken. Er soll es aber erst bei ihrem Tod bekommen, denn bis dahin will sie darüber weiter frei verfügen können, wenn sie Geld braucht.

Eigentlich kein Problem – die Großmutter schenkt dem Enkel das Sparguthaben „unter der Bedingung, dass der Beschenkte den Schenker überlebt", wie das Gesetz es ausdrückt, und sie überträgt es dem Enkel „aufschiebend bedingt durch ihr Ableben". Dann handelt es sich um eine sofort vollzogene Schenkung, die wirksam ist. Das Sparbuch muss nicht unbedingt ausgehändigt werden. Es liegt allerdings auf der Hand, dass ohne schriftliche Fixierung und ohne Übergabe des Sparbuchs es dem Enkel schwerfallen wird, die Schenkung zu beweisen.

Würde das Konto nicht gleich übertragen, müsste der Schenkungsvertrag notariell beurkundet werden, sonst ist er unwirksam – es würde auch nichts nützen, wenn der Enkel nach dem Tod der Großmutter das Sparbuch ausgehändigt erhielte. Ob es genügt, wenn die Großmutter die Schenkung in Form eines eigenhändigen Testaments erklärt, ist zweifelhaft.

Es gibt allerdings eine andere Methode, die formfrei funktioniert: der Vertrag zugunsten Dritter auf den Todesfall. Dazu finden Sie fertig vorbereitete Formulare bei Ihrer Bank oder Sparkasse, die etwa so aussehen:

Muster 51 Vertrag zugunsten Dritter auf den Todesfall

Herr Klaus Jüchter, geb. 15.7.1949, wohnhaft ..., im Folgenden: Kunde, schließt mit der Dortmunder Volksbank eG den folgenden Vertrag zugunsten Dritter:

1. Der Kunde ist verfügungsberechtigter Gläubiger des Sparkontos Nr. ... und des Termineinlagenkontos Nr. ...
2. Alle Rechte aus diesen Konten gehen mit dem Tod des Kunden, ohne dass sie in den Nachlass fallen, auf Frau Gisela Meyer geb. Schulze, geb. 1.12.1969, wohnhaft ..., über. Bis zum Rechtsübergang kann der Kunde jederzeit ohne Zustimmung der Begünstigten über diese Konten verfügen, insbesondere sie auch auflösen.
3. Stirbt die Begünstigte vor dem Kunden oder sterben beide gleichzeitig, so ist dieser Vertrag gegenstandslos.
4. Der Kunde kann den Vertrag bis zum Rechtsübergang jederzeit ohne Zustimmung der Begünstigten widerrufen, jedoch nur durch schriftliche Erklärung gegenüber der Bank.
5. Ist der Vertrag von der Begünstigten nicht mitunterzeichnet, ist die Bank nach Kenntnis vom Tod des Kunden verpflichtet, die Begünstigte unter der letzten ihr bekannten Adresse von diesem Vertrag zu benachrichtigen. Der Kunde bevollmächtigt die Bank, die Annahmeerklärung des Begünstigten entgegenzunehmen. Die Bank soll die Erben von sich aus über diesen Vertrag nicht informieren.

Dortmund, den 28.2.2010

Klaus Jüchter (gez. Vertreter der Bank)

Die Begünstigte nimmt das in der vorstehenden Vereinbarung enthaltene Angebot an.

Dortmund, den 28.2.2010

Gisela Meyer

Auch diese Methode (bei der die juristischen Einzelheiten wieder ziemlich umstritten sind) hat einen Haken: Der Vertrag zugunsten Dritter besteht sozusagen aus zwei Teilen, dem Vertrag zwischen Ihnen und dem Geldinstitut und dem Schenkungsvertrag zwischen Ihnen und dem Begünstigten. Unterschreibt der Begünstigte mit (wie oben vorgesehen) – kein Problem. Wenn der Begünstigte von seinem Glück aber gar nichts weiß, kommt dieser zweite Vertrag erst mit Ihrem Ableben zustande, wenn der Begünstigte sein Einverständnis der Bank mitteilt.

Kluge Erben – meist aber der Nachlasspfleger, wenn die Erben noch nicht feststehen – widerrufen deshalb das bei der Bank oder Sparkasse liegende Angebot, bevor es dem Begünstigten zugeht – womit der geschenkte Betrag dann doch wieder in den Nachlass fällt.

In guter Gesellschaft – Familiengesellschaften

An die Stelle der in den vorangegangenen Kapiteln behandelten Möglichkeiten zur Vorwegübertragung unter Vorbehalt der Nutzungsrechte kann für bestimmte Vermögensgegenstände, wie Unternehmensbeteiligungen, Aktiendepots, vor allem aber für Grundstücke eine Familiengesellschaft treten. Das ist immer dann sinnvoll, wenn Eltern ihren Kindern Vermögensteile übertragen, aber die Nutzungen und die Kontrolle ganz oder teilweise behalten wollen.

Das kann eine Gesellschaft bürgerlichen Rechts (GbR) sein oder auch eine Handelsgesellschaft. Die Übertragung auf eine Handelsgesellschaft lassen wir hier allerdings – ebenso wie Gestaltungen mit einem Nießbrauch oder einer dauernden Last – außer Betracht, da das Spezialthemen sind, die nur durch eine individuelle Beratung bei Anwälten oder Steuerberatern geklärt werden können.

Bei minderjährigen Kindern ist die Bestellung eines Pflegers nötig, der den Vertrag mit den Eltern schließt, und die Genehmigung des Vormundschaftsgerichts. Solche Verträge sollten sinnvollerweise vorher mit dem Gericht inhaltlich abgestimmt werden. Der Einbringungsvertrag muss notariell beurkundet werden.

Muster 52 Einbringungsvertrag in eine GbR (Stichworte)

Die Eltern Hans und Eva Müller bringen ihre drei Mehrfamilienhäuser ... in die Gesellschaft bürgerlichen Rechts ein, die aus ihnen und ihren Kindern Jürgen Müller und Maria König geb. Müller besteht und die Bezeichnung „Müller Grundbesitz GbR" trägt.

Die Einbringung erfolgt unter Ausschluss jeglicher Haftung der Eheleute Hans und Eva Müller, außer dafür, dass nur die im Grundbuch eingetragenen Belastungen bestehen, welche die Gesellschaft übernimmt.

Der Besitzübergang ist heute. Die Beteiligten erklären die Auflassung.

Eine Gegenleistung wird nicht geschuldet. Soweit die Übertragung auf die Kinder erfolgt, geschieht sie im Wege der vorweggenommenen Erbfolge.

Jürgen Müller und Maria König verpflichten sich gegenüber ihren Eltern, auf deren Verlangen (nach dem Tod des ersten: durch den Überlebenden allein) die Übertragung ihrer Gesellschaftsanteile auf ihre Eltern beziehungsweise auf den Überlebenden vorzunehmen, wenn in der Person eines von ihnen eine der folgenden Voraussetzungen vorliegt: Insolvenz; Vollstreckung eines Gläubigers in den GbR-Anteil; Tod vor den Eheleuten Müller senior, wenn nicht der Gesellschaftsanteil dabei auf einen oder mehrere leibliche eheliche Abkömmlinge übergeht; Kündigung der Gesellschaft, aus welchem Grund auch immer; Verfügung über den Gesellschaftsanteil. Für die Rückübertragung wird den Eltern Vollmacht unter Befreiung von § 181 BGB erteilt.

Man kann auch darüber nachdenken, die Kinder zu verpflichten, einen Ehevertrag abzuschließen, mit dem Gütertrennung oder jedenfalls der Ausschluss der Berücksichtigung des GbR-Anteils beim Zugewinnausgleich und ein Pflichtteilsverzicht des Ehegatten hinsichtlich des Anteils vereinbart werden muss.

Der Gesellschaftsvertrag selbst sieht dann vor allem weitgehende Gewinn- und Verwaltungsrechte der Eltern vor. Eine notarielle Beurkundung ist nicht notwendig (es sei denn, dass der GbR-Vertrag mit dem Einbringungsvertrag verbunden wird). Allerdings ist eine notarielle Beurkundung empfehlenswert, seit die GbR als solche im Grundbuch eingetragen wird und sich daran allerhand Schwierigkeiten des Nachweises gegenüber dem Grundbuchamt anschließen. Die folgenden Stichworte zum GbR-Vertrag setzen voraus, dass die Kosten des Grundbesitzes von den Mieten abgedeckt sind.

Muster 53 Familiengesellschaft (Stichworte)

Gesellschafter sind Hans und Eva Müller mit je 15 Prozent, Jürgen Müller und Maria König mit je 35 Prozent.

Gegenstand der Gesellschaft ist die Verwaltung des Grundbesitzes ...

Die Gesellschaft wird auf einen Zeitraum von 10 Jahren abgeschlossen. Wird sie nicht mit einer Frist von 6 Monaten gekündigt, so verlängert sie sich um jeweils weitere 5 Jahre. Das Recht auf Kündigung aus wichtigem Grund bleibt unberührt.

Wer die Gesellschaft kündigt, scheidet aus. Die Gesellschaft wird von den übrigen Gesellschaftern fortgeführt.

Die Geschäftsführung und Vertretung der Gesellschaft steht dem Gesellschafter Hans Müller zu seinen Lebzeiten allein zu. Für die Verwaltung des Grundbesitzes kann ein Hausverwalter bestellt werden. Buchhaltung und Abschlüsse werden von einem Steuerberater oder Wirtschaftsprüfer erstellt. Kann oder will der Gesellschafter Hans Müller die Geschäfte nicht mehr führen, ist ein Gesellschafter durch Mehrheitsbeschluss zum geschäftsführenden Gesellschafter zu bestellen. Die Vertretungsbefugnis des geschäftsführenden Gesellschafters ist auf das Gesellschaftsvermögen beschränkt.

Unbeschadet der Höhe der Beteiligung am Vermögen der Gesellschaft steht den Gesellschaftern Hans und Eva Müller zu deren Lebzeiten ein Stimmrecht von je 26 Prozent zu und eine Beteiligung am Gewinn und Verlust der Gesellschaft von je 45 Prozent. Verstirbt einer dieser beiden Gesellschafter, so hat der Überlebende mindestens ein Stimmrecht von 51 Prozent. Sind beide verstorben, so richten sich das Stimmrecht und die Gewinnbeteiligung nur noch nach der Höhe der Beteiligung am Vermögen.

Im Fall des Todes eines Gesellschafters geht dessen Anteil nur auf solche Erben oder Vermächtnisnehmer über, die leibliche eheliche Abkömmlinge des Gesellschafters sind. Andere Rechtsnachfolger scheiden aus.

(Weitere Regelungen über Ausscheiden, Kündigungsfolge, Abfindung usw.)

Die Anteile im obigen Muster sind nur ein Beispiel, sie könnten auch größer oder kleiner sein. Grunderwerbsteuer fällt nicht an. Der „Charme" der GbR liegt im Übrigen (nicht nur bei Familiengesellschaften) darin, dass im Grundbuch nur die Gesellschaft und die Gesellschafter ohne Angabe ihrer Anteile eingetragen werden und eine Änderung der Anteile oder auch die Hereinnahme neuer Gesellschafter jederzeit privatschriftlich, also ohne notariellen Vertrag, möglich ist. Nur für die Berichtigung des Grundbuchs bei einem neuen Gesellschafter muss eine notariell zu beglaubigende Erklärung abgegeben werden. Allerdings: Werden Anteile innerhalb einer bestimmten Frist an Dritte weitergegeben oder die Anteile Dritter erhöht, kann Grunderwerbsteuer anfallen.

Lebensversicherungen

Wenn Sie eine Kapitallebensversicherung haben und keinen Bezugsberechtigten benennen, fällt die Versicherungssumme im Erlebensfall natürlich Ihnen selbst zu, im Todesfall den Erben, weil die Versicherung dann zum Nachlass gehört. Benennen Sie hingegen einen Bezugsberechtigten, so fällt diesem die Versicherungssumme unmittelbar zu. Fällt die Versicherung zu Ihren Lebzeiten an, so ist der dem Berechtigten zufallende Betrag dann eine Schenkung und in voller Höhe zu versteuern. Im Todesfall gehört die Versicherung nicht zum Nachlass, unterliegt aber der Erbschaftsteuer. Fällt die Versicherungssumme einem Kreditinstitut zu, etwa weil ein Bankdarlehen damit abgesichert wurde, fällt keine Erbschaftsteuer an. Allerdings werden die Erben natürlich von der Verbindlichkeit entlastet, sodass der Nachlasswert höher ist – und damit auch die Steuer.

Nun muss man nicht auf den Versicherungsfall warten. Sie können auch einen laufenden Vertrag übertragen. Dann fällt jedoch Schenkungsteuer an, sofern der Rückkaufswert den entsprechenden Freibetrag übersteigt. Probleme kann es allerdings geben, wenn Sie die Prämien dann weiterhin bezahlen – das sollten Sie also besser lassen.

Soweit es tatsächlich um die Versorgung geht, kann die Versicherung auch beispielsweise von der zu versorgenden Frau im eigenen Namen als Versicherungsnehmer und versicherte Person abgeschlossen werden, aber auf den Tod des Ehemanns (Versicherungsfall). Die Versicherungssumme bleibt dann steuerfrei. Allerdings können die Prämien als Schenkung anzusehen sein, wenn sie der Ehemann – in unserem Beispiel – zahlte. Aber das sind wesentlich geringere Beträge. Diese Konstellation lässt sich zudem nutzen, um damit den für die Erbschaftsteuer auf den übrigen Nachlass nötigen Betrag ganz oder teil-weise anzusparen, ohne damit wieder den Nachlasswert zu erhöhen. Jedoch ist hier – genau wie bei allen „Steuersparmodellen“ – besonderer Beratungsbedarf gegeben. Sprechen Sie also vorher unbedingt mit einem Steuerberater.

TIPP

Übrigens gelten praktisch dieselben Regeln auch bei einem Bausparvertrag. Achten Sie bei einer Finanzierung (Bausparvertrag: Zwischenfinanzierung) darauf, dass nicht nur die Verbindlichkeiten beim Erben landen, sondern auch die Vertragssumme (und nicht etwa bei einem Dritten) – es sei denn, das ist von Ihnen ausdrücklich so gewollt.

Vorsorge erspart Sorge

Beginnen wir mit dem absoluten Endpunkt: Es gibt Menschen, die ganz genaue Vorstellungen davon haben, wie sie einmal bestattet werden wollen – die Bandbreite reicht dabei von einer Baumbestattung in aller Stille bis zum pompösen Begräbnis nach Hollywood-Manier. Aber wer entscheidet eigentlich darüber, wie man beerdigt wird? Und wie kann man sicherstellen, dass die eigenen Wünsche dabei berücksichtigt werden?

Der letzte Gang – fremd- oder selbstbestimmt?

Ist ein besonderer Wille des Verstorbenen nicht bekannt, entscheiden die nächsten Angehörigen – Ehegatte, eingetragener Lebenspartner, Kinder, ersatzweise Seitenverwandte – darüber, wo und wie die Bestattung vorgenommen wird und welche Zeremonie dabei stattfindet. Der überlebende Ehegatte hat bei dieser Entscheidung das Vorrecht. Beim minderjährigen Kind entscheiden die Eltern als Sorgeberechtigte, bei einem unter Betreuung Stehenden außerdem noch der Betreuer. Das hat nichts mit dem Erbrecht als solchem zu tun – wenn die Erben nicht mit den nächsten Angehörigen identisch sind, bezahlen sie zwar die Musik, dürfen aber nicht bestimmen, was gespielt wird. Dasselbe gilt für die Obduktion.

Die Angehörigen können grundsätzlich frei entscheiden – müssen sich dabei aber im Rahmen des Üblichen bewegen. Eine anonyme Beerdigung ohne Angehörige zum Beispiel kann man also nicht anordnen, wenn der Verstorbene das nicht selbst so gewünscht hat. Tradition und gute Sitten bestimmen übrigens auch die Beschriftung des Grabsteins.

Doch natürlich können Sie auch jederzeit selbst festlegen, wie das alles ablaufen soll. Die Angehörigen sind nämlich grundsätzlich verpflichtet, sich nach diesen Anordnungen zu richten. Das geht formlos und muss nicht unbedingt die Form eines Testaments haben. Das Testament hat hier sogar einen Haken: Es liegt ja entweder beim Amtsgericht oder irgendwo in der Wohnung, es wird also vielleicht nicht rechtzeitig gefunden und gelesen. Sie sollten daher ein gesondertes Schriftstück abfassen, das Sie – obwohl es eigentlich formlos gültig ist – am besten eigenhändig schreiben und unter Angabe von Ort und Datum unterzeichnen (Ihre Anordnungen enthalten ja möglicherweise auch Vermögensverfügungen).

Sie können zum Beispiel einfach jemanden benennen, der die nötigen Anordnungen trifft:

Muster 54 Bestattungsanordnung

Alles, was mit meiner Bestattung zusammenhängt, soll mein Lebensgefährte Arndt Stadler allein regeln.

München, den 2.2.2010

Wolfgang Obermoser

Übrigens ist eine solche Anordnung auch ein guter Ort, um es den Hinterbliebenen leichter zu machen, das Nötige zu veranlassen: *„Ich habe eine Liste mit den Personen beigefügt, die eine Traueranzeige erhalten sollten. Meine Versicherungspapiere liegen in einer braunen Ledermappe in einem Fach meines Schreibtischs. Eine Aufstellung der laufenden Verbindlichkeiten (Miete und so weiter) habe ich beigefügt.“*

Sie können sogar Einzelheiten der Bestattung regeln. Denn seit den ägyptischen Pharaonen gibt es auf diesem Gebiet wohl wenig, das nicht denkbar ist. Und was ist schon eine Seebestattung gegen die Urne in Fußballform und den Farben der im Leben verehrten Fußballmannschaft? Doch sollten Sie dabei – selbst wenn die Bestattung und vor allem die Feier Ihnen gelten – auch an die Gefühle der Hinterbliebenen und der bei der Feier Anwesenden denken. Abschied, Trost und Hoffnung gehören nun einmal zur Stimmung in der Trauerhalle. Im Übrigen gibt es diverse Regelungen unserer perfekten deutschen Landesgesetzgeber und Friedhofsverwaltungen, die ohnehin einige Einschränkungen vorsehen. So darf man zum Beispiel die Urne mit der Asche des Verstorbenen weder zu Hause auf dem Kamin aufstellen noch sie im eigenen Garten bestatten.

Muster 55 Bestattungsanordnung

Für meine Bestattung ordne ich Folgendes an: In erster Linie soll meine Lebensgefährtin Doris Lebert über alles entscheiden, was ich hier nicht ausdrücklich festlege. Kann oder will sie das nicht, so soll mein Sohn Achim die Entscheidungen treffen.

Ich möchte nicht verbrannt werden, sondern wünsche eine Erdbestattung auf dem Nordfriedhof. Es sollen Trauerkarten an Verwandte und Bekannte versandt werden. Darauf sollen keine Sprüche oder Ähnliches stehen, sondern nur meine Lebensdaten und der Hinweis auf Zeit und Ort der Trauerfeier. Der Sarg und die Ausstattung der Feier sollen sich im durchschnittlichen Kostenrahmen halten. Es wäre mir lieb, wenn die evangelische Trauerfeier von Pastor Koch gehalten würde. Als Musik wünsche ich mir den ersten Satz des Klarinettenkonzerts von Mozart und das Lied „Suzanne" von Leonard Cohen. Meinem Freund Walter Horn wäre ich dankbar, wenn er einen Nachruf halten könnte. Ich möchte einen einfachen, nicht polierten Grabstein mit meinem Vor- und Zunamen, Geburts- und Lebensjahr.

Es gibt aber noch zwei andere erprobte Verfahren, mit denen Sie sich selbst manche Sorge und Ihren Angehörigen viel Arbeit abnehmen.

■ Vorsorgevertrag mit dem Bestatter

Das ist zum einen der Vertrag mit einem Bestattungsunternehmen, den Sie noch zu Lebzeiten abschließen. Lassen Sie sich Angebote machen und vergleichen Sie – eine Bestattung kann heute leicht 10.000 Euro kosten. Der Vorsorgevertrag mit dem Unternehmen enthält dann alle Einzelheiten bis hin zum Musikstück. Wichtig dabei ist:

- Festlegung der Leistungen des Bestatters (dafür gibt es genaue Kataloge)
- Festlegung der Grabstelle und der Laufzeit, wenn gewünscht
- Festlegung der Preise nach heutigem Stand

- Freie Kündigungsmöglichkeit mit Rückerstattung des gezahlten Betrags mit Zinsen, mindestens aber im Fall eines Umzugs

- Möglichkeit anderweitiger Anordnungen über den Ablauf

- Vorauszahlung auf ein Sperrkonto oder im Wege der Sicherung mittels Treuhandvertrag an einen Treuhänder, sodass Ihr Geld im Fall der Insolvenz des Bestatters oder bei einer Geschäftsnachfolge gesichert ist

Ihr Originalexemplar sollte sich dort befinden, wo man es leicht auffinden kann, denn ein Problem ist natürlich, dass der Bestatter von Ihrem Tod nicht ohne Weiteres erfährt – und Sie sollten Ihre Angehörigen oder Ihren als „Entscheider" Berufenen informieren, dass eine solche Vereinbarung existiert.

Ein solcher Vorsorgevertrag ist zwar jederzeit kündbar, theoretisch auch für die Erben, aber schon aus Zeitgründen wird er normalerweise durchgeführt.

Grabpflege

Das andere Verfahren ist die Grabpflege. Dazu können Sie einen Dauergrabpflegevertrag abschließen, der in verschiedenen Ausgestaltungen möglich ist, wobei auch hier wesentlichster Gesichtspunkt natürlich die Sicherheit des vorab eingezahlten Betrags ist. Die Sicherung kann zum Beispiel von der örtlichen Genossenschaft der Friedhofsgärtner übernommen werden, die gegen eine Vergütung das Geld verwahrt und verwaltet.

Muster 56 Dauergrabpflegevertrag

Zwischen Frau Hildegard Bauer ... (Auftraggeberin) und

dem Friedhofsgärtner Waldemar Schönborn ... (Auftragnehmer)

wird unter Beteiligung der Genossenschaft der Friedhofsgärtnereien in Hörde e.G. ... (Treuhänder) folgender Vertrag geschlossen:

1. Die Grabstätte Bauer auf dem Friedhof in Hörde, Nr. ..., wird ab dem Tod der Auftraggeberin dem Auftragnehmer zur Bepflanzung und Grabpflege gegeben. Die Dauer ergibt sich aus dem tatsächlichen Kostenaufwand. Sie wird voraussichtlich auf der Basis der derzeitigen Preise und des hinterlegten Kapitals 20 Jahre betragen.

2. Die auszuführenden Arbeiten ergeben sich aus der Anlage. Die Preise entsprechen dem heutigen Stand. Sie können vom Auftragnehmer jährlich angepasst werden, wenn die Preise für seine Leistungen sich allgemein ändern.

3. Die Auftraggeberin zahlt für die Leistungen einen Betrag von 7.500 Euro zuzüglich einer Bearbeitungsgebühr für den Treuhänder in Höhe von 5 Prozent = 375 Euro, und zwar an die Genossenschaft. Diese legt den Betrag sicher und möglichst zinsgünstig an.

4. Der Treuhänder verwaltet den Betrag. Er zahlt daraus an den Auftragnehmer das ihm zustehende Entgelt jährlich gegen Rechnung. Die Kosten des Treuhänders werden auf der Basis der Kostendeckung abgerechnet; sie dürfen die erzielten Zinsen nicht übersteigen.

5. Scheidet der Auftragnehmer aus der Genossenschaft aus oder verrichtet er die Arbeiten trotz Abmahnung durch die Genossenschaft nicht ordnungsgemäß, kann die Genossenschaft als Treuhänder den Vertrag mit dem Auftragnehmer beenden und einen anderen Friedhofsgärtner beauftragen.

6. Die Auftraggeberin kann den Vertrag bis zu ihrem Tod jederzeit kündigen, die Erben danach mit einer Frist von 3 Monaten zum Kalenderjahresende. Der hinterlegte Betrag ist sodann abzurechnen und auszuzahlen, und zwar unter Abzug einer zusätzlichen Bearbeitungsgebühr von 5 Prozent des Restbetrags.

Erbschein, Vollmachten

Unser Recht sieht vor, dass an die Stelle eines Verstorbenen seine Erben treten. Was dem Verstorbenen gehörte, gehört nun ihnen. Aber wie kommen sie an das Bankkonto, die Aktien, das Haus heran oder wie können sie die Mietwohnung kündigen? Da stellt sich die Frage, wie Sie eigentlich nachweisen, dass Sie Erbe sind. Und die stellt sich keineswegs nur für entfernte Verwandte, denn natürlich muss auch die Ehefrau beweisen, dass sie Erbin ist – sie könnte ja enterbt worden sein, selbst ohne es zu wissen, oder es könnten andere neben ihr Erben sein.

Der Erbschein

Zum Nachweis Ihres Erbrechts brauchen Sie einen Erbschein. Das ist die Bescheinigung des für den Wohnort des Verstorbenen zuständigen Amtsgerichts – mancherorts: Notariats –, dass der Erblasser von einem oder mehreren Erben beerbt wurde und welche Quote auf sie entfällt. Der Erbschein begründet eine Vermutung, dass das Erbrecht so besteht, wie darin festgestellt. Diese Vermutung kann also widerlegt werden; es könnte ja ein weiterer Verwandter auftauchen oder es wird nachträglich ein bisher unbekanntes Testament gefunden.

Der Erbschein muss beim Amtsgericht beantragt werden. Weil dazu grundsätzlich eine eidesstattliche Versicherung gehört (dass nämlich alle Angaben richtig und vollständig sind), muss der Antrag beim Notar oder beim Gericht selbst protokolliert werden. (Unterschied: Der Notar muss Umsatzsteuer berechnen, das Gericht nicht.)

Muster 57 Erbscheinsantrag

Verhandelt zu Essen am 6. März 2010

Vor mir, dem unterzeichnenden Notar Dr. Malte Mühsam in Essen, erschien heute:

Frau Helga Färber geb. Biermann, geb. 16.8.1969, wohnhaft Baumallee 59, Essen, von Person bekannt. Sie ersuchte mich um die Beurkundung eines Erbscheinsantrags mit eidesstattlicher Versicherung und erklärte, nachdem ich auf die Bedeutung einer eidesstattlichen Versicherung und die Strafbarkeit einer falschen Versicherung an Eides statt hingewiesen hatte:

Am 3.1.2010 verstarb in Essen, an seinem letzten Wohnsitz, mein Vater Josef Biermann, geb. 1.5.1928. Er war verwitwet.

Mein Vater hinterließ ein privatschriftliches Testament vom 24.12.2008, welches das Amtsgericht Essen am 28.2.2010 in der Akte 5 VII 50/08 eröffnete. Danach bin ich, Helga Färber geb. Biermann, zur Alleinerbin eingesetzt.

Sonstige gesetzliche Erben gibt es nicht. Ich habe die Erbschaft angenommen. Ein Rechtsstreit über das Erbrecht ist nicht anhängig. Ich versichere an Eides statt, dass mir nichts bekannt ist, was der Richtigkeit meiner Angaben entgegensteht.

Der Wert des reinen Nachlasses beträgt etwa 100.000 Euro.

Vorgelesen – genehmigt – unterschrieben ...

Gibt es ein Testament, so wird der Erbschein auf der Grundlage des Testaments erteilt. Die gesetzlichen Erben, soweit bekannt, werden dazu angehört.

Muster 58 Erbschein

Amtsgericht Essen

Geschäftszeichen 5 VI 33/10

Der am 3.1.2010 in Essen verstorbene Josef Biermann, geb.1.5.1928, ist aufgrund des Testaments durch Frau Helga Färber geb. Biermann, geb. 16.8.1969, Baumallee 59, Essen, allein beerbt worden.

Essen, den 17. April 2010

gez. Schäpe, Rechtspflegerin

Gibt es kein Testament, so muss die gesetzliche Erbfolge aufgeklärt werden. Dazu muss man Urkunden vorlegen, aus denen sich die Abstammung vom Verstorbenen ergibt. Wenn es dabei „um ein paar Ecken" geht – der Erblasser war ledig, ohne Kinder, Eltern und Geschwister sind verstorben –, macht das schon einige Mühe und erst recht, wenn die Urkunden mit großen Schwierigkeiten aus dem Ausland beschafft werden müssen, etwa aus Polen, dem früheren Schlesien.

Unter Vorlage des Erbscheins wird beispielsweise das Hausgrundstück im Grundbuch auf den Erben umgeschrieben – übrigens ohne Einschaltung eines Notars, der Antrag des Erben beim Grundbuchamt genügt ohne Formalitäten, und wenn der Antrag innerhalb von 2 Jahren ab dem Erbfall gestellt wird, kostet die Umschreibung nichts. Wichtig: Der Erbschein muss stets als Originalausfertigung vorgelegt werden, selbst eine beglaubigte Kopie reicht nicht!

Muster 59 Antrag auf Grundbuchberichtigung

Helga Färber, Baumallee 59, Essen

An das Amtsgericht Schöneberg/Grundbuchamt

10820 Berlin

Grundbuch von Schöneberg Blatt 74656, bisheriger Eigentümer:
Josef Biermann

Sehr geehrte Damen und Herren, ich füge die Original-Ausfertigung des Erbscheins des Amtsgerichts Essen, Geschäftszeichen 5 VI 33/03, bei mit der Bitte um Rückgabe. Ich beantrage die Berichtigung des o.g. Grundbuchs dahingehend, dass ich jetzt im Wege der Erbfolge Eigentümerin bin. Nach Erledigung erbitte ich eine vollständige unbeglaubigte Grundbuchabschrift.

Mit freundlichem Gruß

Helga Färber

■ Wofür das notarielle Testament gut ist

Während das Verfahren läuft, passiert überhaupt nichts – niemand kann an das Bankkonto heran (gegen Nachweis lässt die Bank allerdings Bestattungskosten vom Konto bezahlen). Notfalls bestellt das Gericht für diese Zeit einen Nachlasspfleger, der die notwendigen Maßnahmen trifft, zum Beispiel die Mietwohnung zu kündigen und zu räumen. Das tut das Gericht auch dann, wenn überhaupt nicht bekannt ist, wer Erbe ist.

Dieses Zeitversäumnis durch den Erbschein lässt sich am einfachsten durch ein notarielles Testament (oder Erbvertrag) vermeiden. Denn Grundbuchämter und Banken erkennen im Normalfall ein solches Testament an. Es muss feststehen, dass es das einzige in Betracht kommende Testament ist. Wie beweist man das? Mit dem Eröffnungsprotokoll des Amtsgerichts: Es eröffnet alle ihm vorliegenden oder vorgelegten Testamente und vermerkt das im Protokoll.

Vollmacht

Dennoch kostet auch die Eröffnung eines Testaments Zeit. Bei den in Nachlasssachen besonders gut durchorganisierten Gerichten und Notariaten in Süddeutschland dauert es vielleicht lediglich zwei Wochen, aber andernorts kann es auch schon einmal vier oder fünf Wochen dauern.

Kann man auch das in den Griff kriegen? Ja, mit einer Vollmacht, die über den Tod hinaus gilt:

Muster 60 Vollmacht, postmortal

Ich erteile hiermit meinen beiden Kindern, Anna Maria Biggeleben geb. Laminit, geb. 11.7.1982, und Arndt Laminit, geb. 26.4.1985, die Vollmacht, mich in jeder Beziehung zu vertreten, insbesondere aber in Bezug auf den von mir einzelkaufmännisch betriebenen Einzelhandel, einschließlich der Verfügung über meine Bankkonten, und zwar beginnend mit meinem Ableben, so lange, bis das notarielle Testament eröffnet ist, aufgrund dessen beide dann ohnehin meine Erben sind. Die Vollmacht gilt also ab meinem Tode und über diesen hinaus. Sie kann nur von beiden gemeinsam ausgeübt werden. Verstirbt eines meiner Kinder, gilt die Vollmacht für das überlebende Kind. Meine Kinder können Untervollmacht erteilen und sind berechtigt, mit sich selbst Rechtsgeschäfte abzuschließen (Befreiung von § 181 BGB).

Berlin, den ...

Jonas Laminit

Es wäre gut, diese Vollmacht notariell beglaubigen zu lassen; notwendig ist das jedoch eigentlich nur, wenn es um Grundstücksgeschäfte geht. Die gemeinsame Befugnis soll absichern, dass ein Kind nicht zum Nachteil des anderen handelt – aber natürlich kann man eine solche Befugnis auch einzeln geben: *„Jedes meiner Kinder kann von der Vollmacht einzeln Gebrauch machen."* Dann muss man aber jedem Kind je eine Vollmacht aushändigen.

TIPP

Diese Vollmacht gilt ausdrücklich erst ab dem Tod. Im Gegensatz dazu kann eine sogenannte Vorsorgevollmacht schon zu Lebzeiten benutzt werden. Sie lässt sich so ausgestalten, dass sie auch nach dem Tod benutzt werden kann.

Vorsorgevollmacht, „Patientenverfügung“

Viele machen sich darüber Sorgen, was geschieht, wenn sie im Alter vielleicht ihr Recht zur Selbstbestimmung über ihren Körper nicht mehr ausüben können. Das Gesetz hält dafür eine Lösung bereit: die Betreuung, hervorgegangen aus der früheren Vormundschaft, aber ein viel anpassungsfähigeres Rechtsinstitut.

Doch alles, was vom Gericht veranlasst werden muss, hat seine Nachteile. Das hängt einmal mit dem Zeitaufwand zusammen, denn unsere Gerichte sind nicht sehr gut, wenn es um rasche Entscheidungen geht. Zum anderen begründet die Betreuung Pflichten des Betreuers gegenüber dem Gericht – etwa zu Berichten und Abrechnungen –, die recht mühsam sein können. Zudem kennt ein Richter zumindest bei allein lebenden Menschen oft nicht das Umfeld, weiß also gar nicht, ob es Verwandte oder Freunde gibt, welche die Aufgabe übernehmen können. Das alles spricht dafür, von vornherein einen verwandten oder befreundeten Menschen mit einer Vollmacht auszustatten, die es ihm ermöglicht, für den Vollmachtgeber Entscheidungen zu treffen.

Wenn die Vollmacht für den Krankheitsfall gilt, lässt sie sich mit einer Erklärung verbinden, wie der Bevollmächtigte und die Ärzte mit einer tödlichen Erkrankung des Vollmachtgebers umgehen sollen („Patientenverfügung“). Eine Vollmacht, die den Krankheitsfall betrifft, kann etwa so aussehen:

Muster 61 Vorsorgevollmacht im Krankheitsfall mit Patientenverfügung

Vorsorgevollmacht

1. Vollmacht

Wir, die Unterzeichner, Heinrich Kunst, geb. am 12.12.1943, und Eva Kunst geb. Monschau, geb. am 16.8.1941, in Witten/Ruhr, bevollmächtigen

a) uns wechselseitig,

b) unsere Kinder

(1) Nina Weber geb. Kunst, geb. am 11.7.1973,

(2) Arndt Kunst, geb. am 26.4.1976,

in den im Folgenden aufgeführten gesundheitlichen Angelegenheiten, und zwar in folgender Weise: Die Erklärung des Ehegatten ist maßgeblich. Nur wenn der Ehegatte nicht entscheiden will oder seine Entscheidung nicht rechtzeitig eingeholt werden kann, ist diejenige der Kinder maßgeblich. Sind beide Kinder anwesend oder jedenfalls erreichbar, so können sie nur gemeinsam entscheiden, sonst allein.

Die Vollmacht ist jederzeit widerruflich.

Eine Betreuung soll durch diese Vollmacht möglichst ausgeschlossen werden. Falls dennoch ein Betreuer ernannt werden muss, wünschen wir, dass der andere Ehegatte, ersatzweise eines unserer Kinder, zum Betreuer bestellt wird.

Diese Vollmacht gilt nur, wenn der betroffene Vollmachtgeber durch schwere körperliche oder psychische Erkrankung in seiner Entscheidungsfähigkeit zeitweise oder dauerhaft eingeschränkt ist, sodass er seine Angelegenheiten nicht mehr selbst besorgen kann oder will. Dabei muss die Beeinträchtigung der Entscheidungsfähigkeit oder des Entscheidungswillens durch einen Arzt festgestellt werden.

2. Inhalt der Vollmacht

Die Vollmacht umfasst folgende Angelegenheiten:

Wahrnehmung der Angelegenheiten der Gesundheitsfürsorge, insbesondere die Einwilligung (oder die Verweigerung der Einwilligung oder deren Widerruf) in eine Untersuchung des Gesundheitszustands, eine Heilbehandlung oder einen ärztlichen Eingriff, auch dann, wenn die begründete Gefahr besteht, dass der Betroffene aufgrund der Maßnahme stirbt oder einen schweren und länger andauernden gesundheitlichen Schaden erleidet (§ 1904 Abs. 1 BGB).

Aufenthaltsbestimmung einschließlich der Befugnis zu einer Unterbringung, die mit Freiheitsentziehung verbunden ist (§ 1906 Abs. 1 BGB), und einschließlich der Entscheidung über freiheitsentziehende und freiheitsbeschränkende Maßnahmen durch mechanische Vorrichtungen, Medikamente oder auf andere Weise (§ 1906 Abs. 4 BGB).

Die Vollmacht beinhaltet auch die Kontrolle darüber, ob Ärzte und Pfleger den Betroffenen angemessen betreuen.

Die Vollmacht berechtigt und verpflichtet die behandelnden Ärzte, jeden Bevollmächtigten über die Erkrankung und die Prognose aufzuklären. Wir entbinden die behandelnden Ärzte jeweils von ihrer Schweigepflicht.

3. Patientenverfügung (§ 1901a Abs. 1 BGB)

Wir treffen folgende Bestimmungen im Sinne einer Patientenverfügung, denen unsere Bevollmächtigten, ggf. auch ein Betreuer, Geltung verschaffen sollen:

Unsere Patientenverfügung gilt – natürlich bezogen auf jeden einzeln – in folgenden Situationen:

a) wenn wir uns mit Wahrscheinlichkeit unabwendbar im unmittelbaren Sterbeprozess befinden,

b) wenn wir uns in einem unzweifelhaft hoffnungslosen gesundheitlichen Zustand befinden, in welchem – auch wenn der Tod nicht unmittelbar bevorsteht – eine Behandlung nur zu einer Verlängerung des Leidens führt,

c) wenn durch eine Schädigung des Gehirns die Fähigkeit, Einsichten zu gewinnen, Entscheidungen zu treffen und mit anderen Menschen in Kontakt zu treten, unwiederbringlich erloschen ist, selbst wenn der Tod nicht absehbar ist; das gilt für direkte Schädigungen des Gehirns (z.B. durch Unfall oder Schlaganfall) ebenso wie für indirekte Schädigungen (z.B. nach Wiederbelebung oder Lungenversagen); uns ist bekannt, dass in solchen Situationen die Fähigkeit zu Empfindungen erhalten sein kann und ein Aufwachen aus diesem Zustand nicht ganz sicher auszuschließen, aber höchst unwahrscheinlich ist; oder

d) wenn wir infolge eines fortgeschrittenen Hirnabbauprozesses (z.B. bei Demenzerkrankung) auch bei ausdauernder Hilfestellung nicht mehr in der Lage sind, Nahrung oder Flüssigkeit auf natürliche Weise zu uns zu nehmen.

Vergleichbare Krankheitszustände wie unter a) bis d) sollen entsprechend beurteilt werden. Wir stellen klar, dass das auch für ein Wachkoma ohne Aussicht auf Wiedererlangung des Bewusstseins gilt, auch wenn das Koma durch ärztliche Maßnahmen eingeleitet wurde.

Wir wollen, dass in den vorstehenden Situationen die ärztlichen und Pflegemaßnahmen sich auf die Hilfe gegen das Leiden beschränken, also insbesondere Schmerz, Atemnot, Übelkeit und ähnlichen Angstzuständen so stark wie möglich entgegenwirken, auch wenn damit das Risiko einer Lebensverkürzung verbunden ist.

In den vorstehenden Situationen wünschen wir, sterben zu dürfen, und verlangen,

a) lebensverlängernde oder lebenserhaltende Maßnahmen zu unterlassen bzw. abzubrechen,

b) von Wiederbelebungsmaßnahmen abzusehen,

c) uns nicht künstlich zu ernähren, weder über eine Magensonde durch den Mund, die Nase oder Bauchdecke noch über die Vene,

d) verminderte Flüssigkeitsgabe nach ärztlichem Ermessen.

Über die medizinische Tragweite der Patientenverfügung haben wir uns mit unserem Hausarzt, Herrn Dr. Armin Müller in Witten, beraten.

Wir werden evtl. diese Patientenverfügung in regelmäßigen Abständen, etwa ein bis zwei Jahre, bestätigen durch erneute Unterzeichnung. Aber auch wenn wir eine solche Bestätigung nicht vornehmen, darf daraus keine Änderung unseres oben niedergelegten Willens abgeleitet werden. Wir wünschen also nicht, dass uns in der konkreten Situation eine mögliche Änderung unseres hier bekundeten Willens unterstellt wird, solange wir ihn nicht ausdrücklich schriftlich oder nachweisbar mündlich widerrufen haben.

Diese Vollmacht wird in zwei Exemplaren unterschrieben. Eines verbleibt in unserem Besitz, eines händigen wir unserer Tochter aus.

Witten, den ....

Es ist empfehlenswert, diese Vollmacht notariell zu beurkunden (nicht nur zu beglaubigen). Der Notar wird dann nämlich etwa Folgendes zu Beginn der Urkunde feststellen: *„Ich überzeugte mich zunächst in einem längeren Gespräch davon, dass für mich keinerlei Zweifel an der vollen Geschäftsfähigkeit des Vollmachtgebers bestanden."*

Die Gebühren für eine solche Beurkundung sind nicht sehr hoch; sie werden je nach Ihren Vermögensverhältnissen bei 10 bis 30 Euro netto liegen. Sie sollten dann eine Abschrift der Vollmacht Ihrem Hausarzt überlassen; eine Ausfertigung bekommt der Bevollmächtigte, wenn Sie das für richtig halten.

TIPP

Der Notar kann außerdem eine Eintragung im Zentralen Vorsorgeregister der Bundesnotarkammer herbeiführen, das von den Betreuungsgerichten abgefragt werden kann. Die Notarkammer händigt neuerdings auch Plastikkarten im Bankkartenformat aus, die man mit sich führen kann.

Soll das Vermögen in die Vollmacht mit einbezogen werden, würde man den Text etwa wie folgt abfassen (dabei entstehen allerdings höhere Notargebühren, weil der Wert des Vermögens für die Berechnung maßgebend ist):

Muster 62 Vorsorgevollmacht – Krankheit, Vermögen

Die Vollmacht berechtigt zur Verwaltung meines Vermögens – einschließlich der Verfügung über meine Konten –, zur Verfügung über Vermögensgegenstände, zum Vermögenserwerb und zur Eingehung von Verbindlichkeiten.

Die Vollmacht berechtigt auch zu geschäftsähnlichen und Verfahrenshandlungen, zur Vertretung in Renten-, Versorgungs- und Steuerangelegenheiten, zur Beantragung von Renten- und Sozialleistungen sowie zum Abschluss von Heim-, Krankenhaus- und Behandlungsverträgen.

Die Vollmacht berechtigt auch zum Öffnen meiner Post sowie An- und Abmeldung meines Telefons.

Von dieser Vollmacht in Vermögensangelegenheiten darf der Bevollmächtigte nur Gebrauch machen, wenn ich ihn darum bitte oder wenn ich wegen körperlicher oder psychischer Erkrankung nicht in der Lage oder nicht willens bin, meine Angelegenheiten selbst zu besorgen.

Diese Beschränkungen gelten nur im Innenverhältnis zwischen dem Bevollmächtigten und mir. Im Außenverhältnis zu Dritten ist die Vollmacht unbeschränkt.

(Es folgt die Vorsorgevollmacht im Krankheitsfall)

Warum keine stärkere Einschränkung? Weil der Bevollmächtigte sonst große Schwierigkeiten haben wird, demjenigen, dem er die Vollmacht vorlegt, zu beweisen, dass er davon auch wirklich Gebrauch machen darf. Vollmachten sind eben immer eine Vertrauenssache.

Auch diese Vollmacht gilt über den Tod hinaus, wenn man es nicht ausdrücklich anders regelt. Sie kann von den Erben natürlich widerrufen werden.

Die Vermögensvollmacht kann teurer sein als die reine Krankheits-Vorsorgevollmacht: Der Wert und damit die Höhe der Gebühr richtet sich nach dem Wert Ihres Vermögens. Die absolute Höchstgebühr beträgt 403,50 Euro netto (bei Werten ab 500.000 Euro, egal wie hoch).

Noch mal darüber nachdenken

Der „letzte Wille" muss nicht immer und unbedingt der letzte Wille bleiben. Je detaillierter ein Testament ist („Meine goldene Halskette bekommt meine Nichte Annemarie, meinen Korallenschmuck bekommt meine Enkelin Margret"), umso eher wird man es ändern oder ganz umstoßen.

Eigentlich sollte ein Testament oder ein Erbvertrag der Endpunkt längerer Überlegungen sein – und wenn das einmal auf dem Papier steht, kann man den Gedanken an den Tod damit zumindest juristisch beiseiteschieben. Dennoch ist es notwendig, eine letztwillige Verfügung hin und wieder auf den Prüfstand zu stellen. Wir haben gesehen, wie schnell sich beispielsweise die Steuergesetze ändern – die heutigen Freibeträge einerseits und die stärkere Belastung der Immobilien andererseits können Anlass sein, ein Testament zu ändern oder Überlegungen zu einer Übertragung zu Lebzeiten anzustellen.

Wenn Sie also alles geregelt haben, so nehmen Sie von Zeit zu Zeit Ihre Verfügung wieder zur Hand und überlegen Sie, ob in Ihren Vermögensverhältnissen, in Ihrer Familie oder in den steuerlichen Voraussetzungen Änderungen eingetreten sind, die auch eine Änderung der Verfügung nach sich ziehen sollten.

Adressen, die weiterhelfen

www.gesetze-im-internet.de/aktuell.html

Hier finden Sie praktisch das gesamte Bundesrecht.

www.dnoti.de (Deutsches Notarinstitut)

www.bnotk.de (Bundesnotarkammer)

Eine große Auswahl an Links sowie diverse Informationstexte, Vergütungsrichtlinien und aktuelle Hinweise

www.erbrechtsforum.de (Deutsches Forum für Erbrecht)

www.dvev.de (Deutsche Vereinigung für Erbrecht und Vermögensnachfolge)

Vereinigungen interessierter Anwälte und Notare

www.bmj.de (dort in der linken Spalte oben „Themen" → „Zivilrecht" → „Erbrecht" anklicken)

Erbrechtsinformationen des Bundesjustizministeriums

www.behinderte-kinder.de

Rechte behinderter Kinder, Empfehlungen zu Betreuung und Erbrecht

Register

Axel Pohlmann ist seit über 30 Jahren als Rechtsanwalt und Notar in der Sozietät „Himmelmann • Pohlmann" in Dortmund tätig. Seine Schwerpunkte liegen im Erb-, Grundstücks- und Gesellschaftsrecht. Die Erfahrungen aus seiner langjährigen Beratungspraxis hat er in diesen Ratgeber eingebracht.

Genehmigte Lizenzausgabe
EDITION XXL GmbH
Fränkisch-Crumbach 2011
www.edition-xxl.de

Idee und Projektleitung: Sonja Sammüller
Layout, Satz und Umschlaggestaltung:
design cat GmbH

ISBN (13) 978-3-89736-235-2
ISBN (10) 3-89736-235-X